职业教育汽车类专业改革示范新教材
"双证融通"改革试点汽车运用与维修专业教材

微课版

汽车使用与维护

主编 沈云鹤 王磊俊

华东师范大学出版社
·上海·

图书在版编目（CIP）数据

汽车使用与维护/沈云鹤，王磊俊主编.—上海：华东师范大学出版社，2018
 ISBN 978-7-5675-7622-3

Ⅰ.①汽… Ⅱ.①沈…②王… Ⅲ.①汽车—使用方法—中等专业学校—教材②汽车—车辆修理—中等专业学校—教材 Ⅳ.①U472

中国版本图书馆CIP数据核字（2018）第070617号

汽车使用与维护

主　　编	沈云鹤　王磊俊
项目编辑	皮瑞光
特约审读	李兴福
责任校对	冯寄湘
装帧设计	庄玉侠

出版发行	华东师范大学出版社
社　　址	上海市中山北路3663号 邮编 200062
网　　址	www.ecnupress.com.cn
电　　话	021-60821666　行政传真 021-62572105
客服电话	021-62865537　门市（邮购）电话 021-62869887
地　　址	上海市中山北路3663号华东师范大学校内先锋路口
网　　店	http://hdsdcbs.tmall.com

印 刷 者	上海新华印刷有限公司
开　　本	787毫米×1092毫米　1/16
印　　张	12
字　　数	293千字
版　　次	2018年8月第1版
印　　次	2024年9月第4次
书　　号	ISBN 978-7-5675-7622-3/TH·123
定　　价	39.80元

出 版 人	王　焰

（如发现本版图书有印订质量问题，请寄回本社客服中心调换或电话021-62865537联系）

序 XU

  为进一步提升职业院校人才培养质量，落实立德树人根本任务，推动职业教育人才培养供给侧与需求侧的紧密对接，服务学生终身发展，上海市教育委员会教学研究室于2011年在全国率先探索以"双证融通"为标志的"双证书"制度的新型实践模式，创新整体育人理念指导下的供给侧改革思维，实现职业教育人才培养机制的重大突破。

  作为首批试点单位，上海市交通学校汽车运用与维修专业开展"双证融通"专业教学改革实践已逾六年。学校联合兄弟院校在"双证融通"专业教学实施方案编制、课程体系建设、课程标准研制与课程考核实施等方面承担了一系列探索性工作。

  为满足汽车运用与维修专业"双证融通"课程教学需求，上海市交通学校、上海市公用事业学校、上海市现代职业技术学校、上海市南湖职业学校的专业骨干教师依据《上海市中等职业学校"双证融通"改革试点汽车运用与维修专业教学文件》，联合开发了汽车机械系统结构与拆装、汽车使用与维护、汽车机械系统检修、汽车基础电气设备检修四门"双证融通"课程教材。此系列教材注重学生职业能力培养，将课程内容要求（包括职业资格证书的应知应会要求）都细化到知识点、技能点，既夯实、强化专业能力，又注重培养学生适应未来职业变化所需的关键能力，实现了学历证书与职业资格证书的内涵与要求深度融合。

  此系列教材在国内"双证融通"专业教学改革实践中具有一定的创新性和较高的实践价值。期待此系列教材的出版能推进上海市汽车运用与维修专业教师的"教"与学生的"学"，也期待同学们在汽车专业的学习中更加出彩！

上海市教育委员会教学研究室

前言
QIANYAN

  本书是中等职业学校汽车运用与维修专业的双证融通教材，依据上海市《中等职业学校汽车运用与维修专业教学标准》，并参照汽车维修行业和相关国家职业技能标准编写而成。

  本教材以培养职业技能人才为导向，按照汽车维修职业岗位（群）的能力要求，培养学生就业、创业和适应岗位变化的能力，并具有可持续发展和再学习的能力。

  教材内容包括：汽车使用、汽车发动机维护、汽车底盘维护、汽车电器维护4个项目，15个教学模块，教材以"学习任务"为主线来设计教材，通过学习任务整合相关知识、技能与态度，将教材设计为任务引领型教材。

  本书建议教学学时数为144学时，具体学时分配见下表：

项目	理论课时	实操（模操）课时	项目课时
项目一　汽车使用	6	12	18
项目二　汽车发动机维护	6	26	32
项目三　汽车底盘维护	8	40	48
项目四　汽车电器维护	8	32	40
机动	2	4	6
合计	30	114	144

  本书由上海市公用事业学校沈云鹤，上海市交通学校王磊俊担任主编，上海市南湖职业技术学校匡家俊，上海市现代职业技术学校宋开健参与编写。其中，匡家俊编写项目一，沈云鹤编写项目二，王磊俊编写项目三，宋开健编写项目四。

  本书在编写过程中得到上海交通职业学院副教授吕坚，上海强生北美汽车销售服务有限公司技术部经理冷永森维修技术方面的支持和帮助，在此一并致以感谢。

  由于编写时间及编者水平有限，书中难免有错误和不妥之处，恳请广大读者批评指正。

编者
2018 年 3 月

目 录

绪 论 1

项目一　汽车使用 7

模块一　车内操纵机构 8
　　任务　汽车操纵杆的操作 8

模块二　汽车组合仪表识读 15
　　任务　汽车仪表盘、指示灯、警告灯的识读 15

模块三　汽车灯光操作 25
　　任务　汽车灯光的操作 25

模块四　汽车舒适系统操作 34
　　任务　汽车空调、座椅、门窗、后视镜操作 34

模块五　汽车娱乐系统操作 44
　　任务　汽车影音操作 44

项目二　汽车发动机维护 51

模块一　润滑系统检查 52
　　任务　更换机油及机油滤清器 52

模块二　冷却系统检查 61
　　任务一　检查和更换冷却液 61
　　任务二　冷却系统检测 67

模块三　燃料供给系统检查 71
　　任务一　检查和更换发动机空气滤清器 71
　　任务二　检查和更换发动机燃油滤清器 76

模块四　发动机附件传动带检查和更换 81
　　任务　检查和更换发动机附件传动带 81

项目三　汽车底盘维护 ... 87

模块一　传动系统检查 ... 88
- 任务一　变速箱油液面高度检查 ... 88
- 任务二　离合器踏板自由行程检查 ... 94

模块二　转向系统检查 ... 99
- 任务　转向助力泵油液高度和转向横拉杆锁止螺母检查 ... 99

模块三　行驶系统检查 ... 105
- 任务一　汽车轮胎检查 ... 105
- 任务二　汽车悬架系统检查 ... 114

模块四　制动系统检查 ... 121
- 任务一　制动系统的常规检查 ... 121
- 任务二　制动踏板自由行程检查 ... 127
- 任务三　驻车制动系统检查 ... 130

项目四　汽车电气维护 ... 135

模块一　汽车电源系统维护 ... 136
- 任务一　使用万用表检查蓄电池电压 ... 136
- 任务二　使用钳式电流表检查蓄电池起动电流 ... 142
- 任务三　使用充电机对蓄电池进行充电 ... 146

模块二　汽车车身电器维护 ... 155
- 任务一　检查车内外灯光 ... 156
- 任务二　检查雨刮系统 ... 163

模块三　汽车空调系统维护 ... 169
- 任务一　检查空调系统常规项目 ... 169
- 任务二　检查与更换空调滤芯 ... 177

绪 论

按照国家标准《汽车维修术语（GB5624—2005）》，汽车维护也可称为汽车保养，是为保持汽车完好技术状况或工作能力而进行的作业。汽车维护的主要内容是"检查、补液、润滑、紧固、调节"。汽车维护是汽车维修人员最基本的售后服务工作。

一、汽车维护的分类

1. 常用分类

目前，汽车维护（保养）分为日常保养、定期保养、交车前保养。通常，日常保养由驾驶员完成，定期保养由维修站/厂负责完成，交车前保养由汽车销售店或4S店完成。

2. 按国家标准分类

按照国家标准《汽车维护、检测、诊断技术规范（GB/T18344—2001）》，汽车维护（保养）分为日常维护、一级维护、二级维护。常用分类与国家标准的分类基本上是一致的。

3. 定期维护（保养）的分类

定期维护分为正常条件下的定期维护和恶劣条件下的定期维护。其中，定期是指以一定的行驶里程或使用时间为期限；正常条件是指典型日常驾驶条件下驾驶，按一般保养计划保养车辆；恶劣条件是指经常短距离行驶；在多尘、沙地或粗糙不平的道路上行驶；频繁怠速；经常在交通拥堵的条件下或较热的天气下行驶；在山地或丘陵行驶；用作巡逻车、出租车或运货车；频繁在零摄氏度以下行驶；经常在走走停停的交通条件下使用。

定期保养主要工作如图0-1所示。

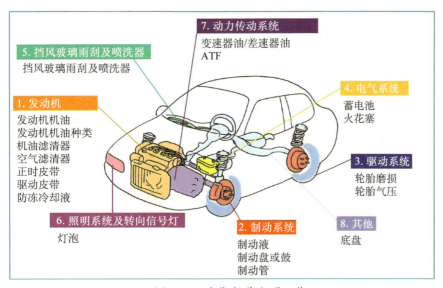

▲ 图0-1　定期保养主要工作

4. 非定期维护（保养）的分类

非定期维护分为季节性维护和走合期维护。季节性维护是指为了使车辆在冬季、夏季合理使用，在换季之前结合定期维护，附加一些相应的维护项目，使汽车适应气候变化的运行条件。走合期维护是为了延长汽车的使用寿命，新车、大修过的车以及装用大修过的发动机的汽车必须进行走合期的磨合，并在走合期结束时进行一次走合期维护，其作业项目和深度按照汽车生产厂家的要求进行。

二、维护（保养）计划

汽车定期维护（保养）的项目和周期等称之为维护（保养）计划。不同汽车制造商生产的车辆，其保养计划都类似，但不尽相同。下面介绍2013款上海通用雪佛兰科鲁兹保修及保养手册中的保养计划。

1. 正常条件下的保养计划

正常条件下的保养计划如表0-1所示。

2. 恶劣条件下的保养计划

恶劣条件下的保养计划如表0-2所示。

表0-1　2013款上海通用雪佛兰科鲁兹正常条件下的保养计划

保养操作	按月数①	6	12	18	24
	km（×1 000）①	10	20	30	40
与排放相关的项目					
传动皮带	每10年/150 000 km更换				
检查发动机机油油位	每3 000 km/1个月检查				
发动机机油和机油滤清器	每5 000 km/6个月更换				
燃油滤清器		○	●	○	●
燃油管路和连接		○	○	○	○
添加燃油添加剂（适用于带有Turbo发动机的车辆）	参见附注②				
发动机空气滤清器滤芯		○	●	○	●
火花塞	每60 000 km更换				
点火正时		○	○	○	○
气门间隙	每10年/150 000 km检查一次，必要时更换				
蒸发排放碳罐和蒸汽管路		○	○	○	○
PCV系统			○		○
一般项目					
冷却系统软管和连接		○	○	○	○
发动机冷却液③		○	○	○	○
正时皮带及皮带张紧轮	每60 000 km更换				

（续表）

保养操作	按月数①	6	12	18	24
	km(×1 000)①	10	20	30	40
空气滤清器滤芯（空调）			●		●
清洗冷却风扇		每5 000 km清洗一次④			
排气管和安装支架		○	○	○	○
制动器/离合器油液		每2年或30 000 km更换			
前制动衬片和制动盘		○	○	○	○
后制动衬片和制动盘		○	○	○	○
驻车制动器		○	○	○	○
制动管路和连接（包括助力器）		○	○	○	○
后轮毂轴承和间隙		○	○	○	○
手动变速器油液		○	○	○	○
底盘和车身下部螺栓和螺母固定/紧固		○	○	○	○
自动变速器油液⑤		每80 000 km更换			
轮胎状况和充气压力		日常检查			
车轮定位⑥		发现异常时检查			
方向盘和链杆		○	○	○	○
动力转向液和管路		○	○	○	○
驱动轴助力器		○	○	○	○
安全带、搭扣和扣环		○	○	○	○
润滑车门锁、铰链和发动机舱盖锁闩		○	○	○	○

上表中，○：检查这些项目及其相关零件。必要时，进行校正、清洗、添加、调整或更换。

●：更换。

① 以先到者为准。

② 对于使用Turbo发动机的车辆，建议用户在每次更换机油时，向油箱中添加一瓶燃油添加剂。在此间隔内可视发动机工作状况作相应添加，但无须频繁添加。

③ 视情况添加，使用期限5年24万km。

④ 请送至上汽通用汽车销售有限公司雪佛兰特约售后服务中心进行清洗。

⑤ 不需要定期检查油液。如果发生变速器故障或漏油时，则需要检查变速器液。

⑥ 如有必要，进行换位和平衡车轮。

表 0-2　2013款上海通用雪佛兰科鲁兹恶劣条件下的保养计划

项　目	间　隔	驾驶条件
发动机空气滤清器滤芯	每5 000 km检查。如有必要,进行清洁或更换	2
空气滤清器滤芯(空调)	需要更频繁地保养。如有必要,进行更换	2
制动器/离合器油液	每年更换	5,6
制动器衬片、制动盘、衬垫	需要更频繁地保养。如有必要,进行更换	1,5,6,8

注：表中驾驶条件是指以下恶劣条件中一种或多种。
1＝经常短距离行驶；
2＝在多尘、沙地或粗糙不平的道路上行驶；
3＝频繁怠速；
4＝经常在交通拥堵的条件下或较热的天气下行驶；
5＝在山地或丘陵行驶；
6＝用作巡逻车、出租车或运货车；
7＝频繁在零摄氏度以下行驶；
8＝经常在走走停停的交通条件下使用。

三、汽车维护（保养）的基础知识

车辆在使用过程中，随着行驶里程的增加和外界条件的变化，汽车技术状况变差。导致汽车技术状况变化的原因很多：有自然磨损、零件腐蚀、疲劳损伤、变形、材料老化等，其中主要原因还是零件工作表面严重磨损，因此需要对汽车进行维护。

根据生产实际，汽车各级维护（保养）的顺序大致为：清洁—紧固—检查油液面的高度和品质—补充。

1. 清洁

（1）清洁、保养"三滤"：

空气、燃油、机油滤清器保养是否及时、正确，直接影响发动机的性能和使用寿命。

① 空气滤清器。空气滤清器过脏会导致新鲜空气进入气缸困难，使空气与燃油形成的混合气过浓，发动机燃烧不完全，功率下降，排放超标。

② 燃油滤清器。燃油滤清器堵塞，燃油通过滤清器阻力增大，供油不足，动力下降。

③ 机油滤清器。机油滤清器堵塞，会阻碍润滑油的流动，导致发动机零部件润滑不良，磨损加大，甚至出现拉缸、烧瓦现象。因此，定期清洁或更换机油滤清器。根据润滑油品质和汽车使用环境，一般每行驶7 500 km更换一次，如使用环境恶劣，可缩短为5 000 km更换一次。

（2）清洁蓄电池：

目前，轿车一般采用免维护蓄电池，但也应检查和清洁蓄电池接线柱。

2. 紧固

由于汽车在行驶过程中的振动、颠簸等原因，必然造成连接件的松动和磨损。因此在汽车维护中要及时紧固。连接件的紧固工作直接关系到行车安全，例如汽车转向系统、制动系统、传动系统等，在维护时要特别引起注意。

紧固的对象有：

（1）对连接件进行紧固检查，如发电机传动带、转向机构、制动装置连接点、传动系统以及车轮螺栓等。

（2）对线路和用电设备连接器进行紧固检查，防止电路出现短路、断路、搭铁等情况而影响用电设备正常工作。

（3）对发动机周围各管路的接头进行紧固，防止出现油液泄漏。

3. 检查油液面的高度和品质

油液在汽车使用过程中会出现损耗和氧化而导致液面降低和性能下降。

（1）检查油液面高度的对象有：

① 蓄电池电解液液面高度。

② 发动机润滑油液面高度。

③ 发动机冷却液液面高度。

④ 变速器液面高度。

⑤ 制动液液面高度。

⑥ 动力转向液液面高度。

无论是哪种液面高度检查，都应将车辆停放在平地上，保证测量正确。

（2）检查油液的品质：

检查油液的品质可以采用以下方法：

① 外观法。查看从车上取出的油液样品，若比较透明，表明污染不严重，可继续使用。

② 气味法。

③ 黏度比较法。

④ 爆裂试验法。

4. 补充

（1）油液补充：

检查油液时，先检查油液质量，若发现油液没有明显变质，再查找是否有泄漏，如有泄漏要予以排除后，再补充同等级别的油液至正常高度范围。

（2）油液更换：

油液变质或超过更换周期，应及时更换。

不同汽车厂家规定的更换周期不同，一般情况下，发动机润滑油每行驶 7 500 km 或半年更换一次；汽车制动液每行驶 20 000～40 000 km 或使用 1～2 年更换一次；冷却液使用 4～5 年更换一次。

四、汽车保养工具

快速、规范完成保养作业，选择合适的工具和设备是基础，图 0-2 至图 0-4 列出了保养常用的工具和设备。

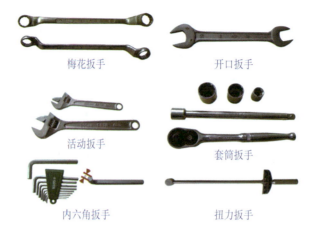

▲ 图 0-2 常用扳手

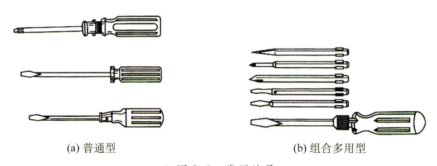

(a) 普通型　　　　　　　　(b) 组合多用型

▲ 图 0-3 常用旋具

▲ 图 0-4 其他工具

项目一　汽车使用

项目导学

汽车的正确使用是汽车运用与维修专业中的一个重要的内容。它要求人们在现在的科学技术基础上，运用一些技术对车辆的一些机器部件以及一些常见的设备进行使用，从而使得车辆保持良好的运行状态，在此基础上保证驾驶的安全和使用寿命（如图1-1所示）。

本项目的主要任务包括：

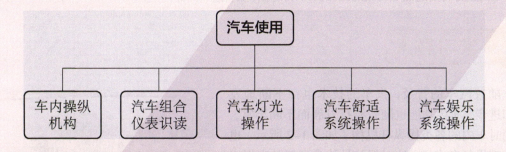

▲图1-1　科鲁兹汽车

模块一　车内操纵机构

1. 能正确描述汽车换挡杆的作用和操作要点。
2. 能正确描述驻车制动装置的类型、作用和操作要点。
3. 能正确描述刮水器、洗涤器装置的作用和操作要点。
4. 能正确描述后窗除霜装置的作用和操作要点。

学习导入

随着汽车的普及，汽车的技术也在不断地发展和进步，车内功能也随着科技发展而不断丰富，但同时车内的各类操纵杆机构（如图1-2所示）也逐渐变得复杂多样，这对驾驶员的合理驾驶也提出了新的要求。汽车在实际使用前应了解并掌握相关操纵机构的使用方法，以免在实际驾驶中造成不必要的安全隐患。

本模块的主要任务将阐述汽车换挡杆、驻车制动装置、雨刮及洗涤器、后窗除霜装置的类型及作用，以及它们的操作要点。

▲ 图1-2　车内操纵机构

任务　汽车操纵杆的操作

任务描述

一辆科鲁兹1.6 L轿车（发动机型号LDE），客户希望了解车内各类操纵杆的操作方法。

任务准备

【知识准备】

一、汽车换挡杆

变速器操纵杆又称变速杆或换挡杆（如图1-3所示），是变速器的操纵装置。变速杆将变速器齿轮组合成不同啮合关系的几个位置,称为挡位,由驾驶员操纵变速杆选定,需要降低车速以增大牵引力时,挂入低一级挡位;需要提高车速时,挂入高一级挡位;需要车辆倒行时,则挂入倒挡位;各挡齿轮都不啮合时,称为空挡;空挡时变速器不转递动力。

换挡杆由以下各个挡位组成:

P = 驻车位置,车轮被锁定,只有当车辆静止和使用驻车制动器的时候挂上;

R = 倒挡,只在车辆静止的时候挂上;

N = 空挡;

D = 配有所有前进挡位的自动模式。

▲ 图1-3 汽车换挡杆

二、驻车制动装置

驻车制动器(如图1-4所示),通常是指机动车辆安装的手动刹车,简称手刹。常见的手刹一般置于驾驶员右手下垂位置,便于使用。

一般车辆在车辆停稳后用于稳定车辆,避免车辆在斜坡路面停车时由于溜车造成事故。合适的拉起的极限行程一般应为总行程的3/4。目前市场上的部分自动挡车型均在驾驶员左脚外侧设计了功能与手刹相同的脚刹,个别先进车型亦加装了电子驻车制动系统。

▲ 图1-4 驻车制动装置

三、玻璃清洗装置

雨刷又称为刮水器、水拨、雨刮器或挡风玻璃雨刷,雨刷操纵杆(如图1-5所示)一般位于驾驶员右手侧,是用来刷刮除附着于车辆挡风玻璃上的雨点及灰尘的设备,驾驶员没有清晰的视野,易导致人身伤害和车辆或者财产损坏的事故。

▲ 图1-5 雨刷操纵杆

▲ 图1-6 玻璃洗涤器喷口

在汽车挡风玻璃上除了雨水、霜雪外,还经常有泥浆、灰尘及油污等。为了刮洗干净,应用洗涤器配合刮水器将污垢洗刷掉(如图1-6所示)。如污渍过多则可以使用抹布对玻璃进行基础清洁,然后再使用洗涤剂及雨刮器,这样可有效延长雨刮器的使用寿命。

四、后窗除霜装置

汽车在行驶中由于空气不流通，导致车内玻璃起雾，这样对驾驶员的行驶安全会产生很大的安全隐患。通常前窗玻璃除雾除霜可以使用空调向风窗玻璃上吹热空气的方法，但是后窗没有相关风挡，所以不少汽车在后窗除霜中很多采用热电式除霜装置，其开关位于中央仪表盘位置（如图1-7所示）。

▲ 图 1-7 后窗除霜开关

▲ 图 1-8 后窗电热丝

热电式除霜装置是把电阻丝直接加工制造在玻璃层内（如图1-8所示），即用肉眼看得见的那几道横线。利用汽车本身的电流加热电阻丝，达到除霜目的，但线条印在玻璃上会影响视线，因此，这种装置仅可用于后窗。

【器材准备】

操作设备包括科鲁兹实车（如图1-9所示）、车内三件套（如图1-10所示）、车外三件套（如图1-11所示）。

▲ 图 1-9 科鲁兹实车

▲ 图 1-10 车内三件套

▲ 图 1-11 翼子板布前格子栅布

任务实施

说明： 车辆达到正常工作温度后检查各仪表指示，并在工作单上进行记录。同时做好准备工作，车外安装车轮挡块，安装车内三件套。

一、变速器操作

1. 自动变速器

识别变速器各挡位（如图 1-12 所示）：

P = 驻车位置，车轮被锁定，只有当车辆静止和使用驻车制动器的时候挂上；

R = 倒挡，只在车辆静止的时候挂上；

N = 空挡；

D = 配有所有挡位的自动模式。

操作要点：

换挡杆锁定在 P（驻车）挡。移动时，接通点火开关，使用制动踏板并按下释放按钮。

若想挂 P 或 R 挡，按下释放按钮。

要启动发动机，踩下制动踏板，挂挡到 P 挡或 N 挡任意一个位置。

▲ 图 1-12　自动挡操纵杆

2. 手动变速器

将车辆悬空，确认周围安全后启动发动机，各挡位位置如图 1-13 所示。

操作要点如下：

右脚油门加速到匹配速度或刹车至匹配速度、左脚离合迅速踩到底、右手快速换挡、左脚松离合，右脚再次加油门。

▲ 图 1-13　手动挡操纵杆

▲ 图 1-14　驻车操纵杆

二、驻车制动装置

松开驻车制动器，向上稍许拉起手柄，按下释放按钮，然后完全放下手柄（如图 1-14 所示）。

操作要点如下：

（1）为了减少驻车制动器的操作用力，可以同时踩下制动踏板。

（2）拉动驻车制动器时检查驻车指示灯应在拉起并未听到第一声响声时点亮。

（3）拉动驻车制动器时检查驻车指示灯应在拉起并未听到第一声响声时点亮（如图1-15所示）。

三、玻璃刮水器

挡位功能：由上至下依次为：（如图1-16所示）

（1）2：快速。

（2）1：慢速。

▲图1-15 驻车指示灯位置

（3）…：可调节定时间隔刮水，转动调节轮来调节刮水间隔：较短间隔：调节轮向上；较长间隔：调节轮向下。

（4）O：关闭。

（5）最下挡位为手动除雾档，每按压一次，刮水一次。

（6）拉动控制杆。清洗液喷洒在挡风玻璃。

操作要点如下：

在清洗前应注意在非行驶状态下应用柔软不起毛的抹布或麂皮，使用车窗清洁剂清理弄脏的刮水器刮片。如果挡风玻璃结冰，不能使用雨刮器。同时洗车时应关闭雨刮器。在寒冷

▲图1-16 玻璃刮水器操作杆

的天气运行前，要检查刮片是否冻结在车窗上。在刮片冰冻时运行刮水器会损坏刮水器电机。不要在几秒内连续运行挡风玻璃清洗器，也不要在清洗液储液罐空的时候运行清洗器。会引起清洗器电机过热而导致高昂的维修费用。

四、后窗除霜器的操作

按下右侧扇形按钮（如图1-17所示）：风扇会切换到较大，大部分风将会吹往挡风玻璃除雾。

按下左侧长方形按钮：开启后窗加热功能，此时后窗开始进入除霜模式。

操作要点如下：

后窗除霜开关为大功率用电设备，应在除霜后及时关闭。

▲图1-17 后窗除霜按钮

拓展学习

一、驾驶员信息中心显示

驾驶员信息中心（DIC）位于组合仪表上，在车速表和转速表之间（如图1-18所示）。

二、显示项目

显示项目包括总里程表、行程表、一些控制指示灯、车辆信息、里程燃油信息、以代码形式显示的车辆警告信息。

三、操作方式

（1）按下 MENU（菜单）按钮可在不同菜单间切换（如图 1-19 所示），或从子菜单返回至上一级菜单。

▲ 图 1-18　驾驶员信息中心显示

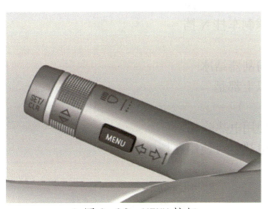

▲ 图 1-19　MENU 按钮

▲ 图 1-20　旋转调节轮

（2）转动调节轮，高亮显示菜单选项或设定数值（如图 1-20 所示）。

（3）按下 SET/CLR（设置/清除）按钮选择一项功能或确认一条信息（如图 1-21 所示）。

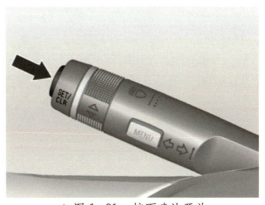

▲ 图 1-21　按下确认开关

练习与检测

一、判断题

（1）驻车制动应同时检查驻车指示灯是否在一格后点亮。　　　　（　　）
（2）自动变速器的汽车只可在 P 挡启动。　　　　（　　）
（3）手动变速器挡位可按驾驶员意图随意换挡。　　　　（　　）

（4）后窗除霜功能也是使用空调对后窗进行加热除霜的。（　　）
（5）雨刮器可以在喷洗液罐空的情况下使用。（　　）

二、单选题

（1）驻车指示灯应该在（　　）点亮。
A. 1 格前　　　　　　　　　　　　B. 1 格后
C. 只在发动机熄火后　　　　　　　D. 拉满后点亮

（2）自动变速器在（　　）时可以启动。
A. 踩刹车，挂 N 挡　　　　　　　 B. 踩刹车，挂 P 挡
C. 直接挂 N 挡　　　　　　　　　 D. 直接挂 P 挡

（3）手动变速器在（　　）时可以启动。
A. 踩离合挂 1 挡　　　　　　　　 B. 踩离合挂 N 挡
C. 踩刹车挂 1 挡　　　　　　　　 D. 踩刹车挂 N 挡

（4）雨刮器在（　　）情况下不可使用。
A. 清洗液储液罐空的时候　　　　　B. 雨刮器结冰
C. 挡风玻璃污渍过多　　　　　　　D. 以上都是

（5）后窗除霜以下哪种情况是正确的？（　　）
A. 使用空调热风除霜　　　　　　　B. 使用电热除霜
C. 可以长时间使用　　　　　　　　D. 电热也可使用在挡风玻璃

模块二 汽车组合仪表识读

学习目标

1. 能正确说出汽车各类仪表的作用和数值。
2. 能正确说出汽车各类指示灯作用和含义。
3. 能正确说出汽车各类警告灯作用和含义。

学习导入

汽车仪表由各种仪表、指示器，特别是驾驶员用警示灯报警器等组成（如图 1-22 所示），为驾驶员提供所需的汽车运行状况参数信息。现代汽车仪表板的仪表不尽相同，但是一般汽车的常规仪表均有车速里程表、转速表、机油压力表、水温表、燃油表、充电表等。

大部分仪表显示的依据来自传感器，传感装置根据被监测对象的状态变化而改变其电阻值，通过仪表显示出来。同时其中还具有智能处理单元，可以与汽车其他控制单元交互信息。

通过本模块的学习，结合科鲁兹 1.6 L LDE 使用手册，正确识别和操作汽车各类仪表与警示灯。

▲ 图 1-22 汽车仪表

任务　汽车仪表盘、指示灯、警告灯的识读

任务描述

一辆科鲁兹 1.6 L 轿车（发动机型号 LDE），需进行汽车维护前检查仪表显示是否正常。

任务准备

【知识准备】

一、汽车仪表

1. 车速表

车速表（如图1-23所示）是汽车必要零件之一。它一般是通过速度传感器将汽车行驶速度传递给车速表，以使其指示车辆的行驶速度。

1）传统机械式里程表

由蜗轮蜗杆机构和数字轮组成。汽车行驶时，变速箱主轴上所装的里程表主动齿轮（蜗轮）驱动里程表被动齿轮（蜗杆）转动，蜗杆驱动钢丝软轴，钢丝软轴通过仪表盘上的蜗轮蜗杆转动计数器，显示里程表数。

▲ 图1-23 车速表

纯机械式车速里程表（如图1-24所示）中的软轴在高速下旋转，其运动的迟滞性及受到钢丝交变应力极限的限制，高速行驶的车辆常常易引起钢丝软轴疲劳断裂，从而使里程表功能失效，所以纯机械式里程表已经慢慢被淘汰。

2）电子车速表

随着电子技术的发展，很多轿车仪表已经使用电子车速表（如图1-25所示）。常见的是直接从变速器上的速度传感器获取信号，通过脉冲频率的变化使指针偏转或者显示数字。

电子式车速里程表因为没有机械式里程表主、被动齿轮实际速比与理论速比之间的误差

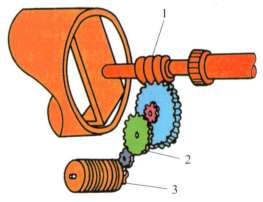

▲ 图1-24 机械式车速表
1-涡轮 2-被动齿轮 3-计数器

而产生的整车车速与里程的误差，因此车速里程表指示读数较前两种更准确。而且它互相接触的传动部件减少，损坏率与成本均减少，所以在国内客车行业被广泛使用。

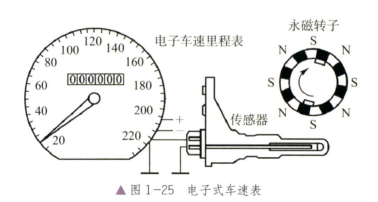

▲ 图1-25 电子式车速表

2. 里程表

里程表（如图1-26所示）是一种数字式仪表，同车速表一样，它从速度传感器获取里程信号。电子式里程表累积的里程数字存储在非易失性存储器内，在无电状下态数据也能保存。

仪表显示中最上一行显示的是自上次复位后所记录的距离。若想将里程数归零，应该在点火开关接通时按住转向信号控制杆上的SET/CLR按钮几秒钟。

特别注意：非法操作里程表是被法律严令禁止的。

▲ 图1-26　里程表显示

3. 转速表

一般设置在仪表板内，与车速里程表对称地放置在一起。转速表是按照磁性原理工作的，它接收点火线圈中初级电流中断时产生的脉冲信号，并将此信号转换为可显示的转速值。发动机转速越快，点火线圈产生的脉冲次数越多，表上显示的转速值就越大。

轿车一般都是电子式转速表（如图1-27所示），有指针式和液晶数字显示式，表内有数字集成电路，它将点火线圈输送过来的电压脉冲经过计算后驱动指针移动或用于数字显示。

特别注意：如果指针在警告区域，则表明超过了允许的最大发动机转速。对发动机有害。

▲ 图1-27　转速表

▲ 图1-28　燃油表显示

4. 燃油表

燃油表即显示油箱内油量的仪表，单位是L（升），指针指向"F"表示满油，指向"E"表示无油；也有用1/1、1/2、0分别表示满油、半箱油和无油状态（如图1-28所示）。

燃油表内有两个线圈，分别在"F"与"E"一侧，传感器是一个由浮子高度控

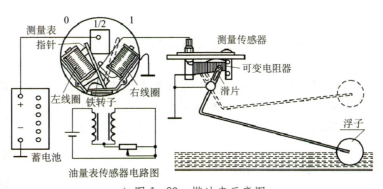

▲ 图1-29　燃油表示意图

制的可变电阻,阻值变化决定两个线圈的磁力线强弱,也就决定了指针的偏转方向(如图1-29所示)。

特别注意:

绝对不能把油箱中燃油全部用完。由于油箱中还有剩余燃油,需要加注的燃油量可能会小于规定的油箱容量,同时在油箱缺油状况下有可能导致燃油泵因运行而损坏。

5. 水温表

显示冷却水温度的仪表(如图1-30所示),单位是℃(摄氏度)。它的传感器是一种热敏电阻式传感器,用螺纹连接固定在发动机冷却水道上。热敏电阻决定了流经水温表线圈绕组的电流大小,从而决定表头指针摆动角度的大小。

▲图1-30 水温显示

二、汽车指示灯

汽车仪表及各类报警灯是监测汽车各系统工作的一个窗口,驾驶员和维修人员首先要了解仪表盘上各种仪表和灯光的作用,并能通过它们的工作状态判断汽车的各系统是否存在故障。

1. 转向信号灯

指示灯启亮:驻车灯开启时,控制指示灯会短时启亮。

指示灯闪烁:如果转向信号或危险警告闪光灯启用,则控制指示灯闪烁(如图1-31所示)。

指示灯快速闪烁:转向信号灯或者相应保险丝出现故障。

▲图1-31 转向指示灯

▲图1-32 安全带指示灯

2. 座椅安全带指示灯

指示灯启亮:点火开关接通时,该控制指示灯闪烁几秒钟,然后一直启亮,直至安全带系好为止。(如图1-32所示)

指示灯闪烁:起步后当车辆行驶速度超过22 km/小时一段时间后,如果仍然未系好安全带,该指示灯会再次闪烁一段时间,之后一直启亮,直至安全带系好为止。

3. 车外灯

车外灯开启时,指示灯启亮(如图1-33所示)。

4. 远光灯

远光灯开启和在前照灯闪光时,指示灯启亮(如图1-34

▲图1-33 车外灯指示灯

▲ 图 1-34　远光灯指示灯

▲ 图 1-35　前雾灯指示灯

所示）。

5. 前雾灯

如果车辆配备有前雾灯，前雾灯开启时，指示灯启亮（如图 1-35 所示）。

6. 后雾灯

后雾灯开启时，指示灯启亮（如图 1-36 所示）。

三、车辆警告灯

1. 安全气囊

点火开关接通时，控制指示灯会启亮约 4 秒钟时间。（如

▲ 图 1-36　后雾灯指示灯

图 1-37 所示）如果其不启亮，或在 4 秒钟后不熄灭，或在行驶时启亮，则表明安全带张紧器系统或安全气囊系统出现了故障。如果发生事故，这些系统可能无法启用。

▲ 图 1-37　安全气囊指示灯

▲ 图 1-38　充电指示灯

2. 充电系统

点火开关接通时，控制指示灯启亮，并在发动机启动后不久会熄灭（如图 1-38 所示）。发动机运转时指示灯启亮：停车并关闭发动机。确保蓄电池没有充电。发动机冷却可能被中断。

3. 故障指示灯

▲ 图 1-39　故障指示灯

点火开关接通时，控制指示灯启亮，并在发动机启动后不久会熄灭（如图 1-39 所示）。

发动机运转时指示灯启亮：表明排放控制系统中出现故障。可能超过容许的排放限度。

发动机运转时指示灯闪烁：表明出现了可能会导致催化转换器损坏的故障。此时应立即减小在油门踏板上的压力，直至指示灯停止闪烁。

4. 驻车指示灯

如果驻车制动器在释放状态时指示灯启亮，则说明制动器/离合器油液液位可能太低，或者制动系统可能有故障（如图 1-40 所示）。

如果已拉紧驻车制动器，点火开关接通后，指示灯应正常启亮。

▲ 图 1-40　驻车指示灯

▲ 图 1-41　ABS 指示灯

5. 防抱死制动系统

点火开关接通后，控制指示灯启亮几秒钟。控制指示灯熄灭时，系统即处于准备就绪状态。（如图 1-41 所示）

如果在几秒钟后控制指示灯没有熄灭，或如果在行车时启亮，则表明防抱死制动系统有故障。在没有防抱死制动系统调节的情况下，制动系统仍可操作。

6. 可变助力转向系统

指示灯启亮表明可变助力转向系统中出现故障。转向系统出现故障时，车辆仍可转向，但需要相当大的力量（如图 1-42 所示）。

▲ 图 1-42　转向系统指示灯

▲ 图 1-43　电子稳定系统指示灯

7. 电子稳定性控制系统

指示灯启亮：表明系统出现了故障。可以继续行驶。但路面情况较差的道路可能会使车辆的稳定性受到影响（如图 1-43 所示）。

指示灯闪烁：表明电子稳定性控制系统已启用。发动机输出功率可能会下降，车辆可能会自动小幅制动。

当关闭系统时指示灯下会显示 OFF 字样。

8. 发动机机油压力

指示灯启亮：点火开关接通时，控制指示灯启亮，并在发动机启动后不久会熄灭（如图 1-44 所示）。

发动机运转时指示灯启亮：表明发动机润滑可能被中断。这可能会造成发动机和/或驱动轮锁定装置的损坏。

此时应立即踩下离合器踏板（手动变速器）；选择空挡，

▲ 图 1-44　机油压力指示灯

将换挡杆置于 N 位置；使车辆移动并停靠在安全位置，不要阻碍其他车辆；关闭点火开关。

9. 燃油油位低

油箱中的燃油油位过低时，指示灯启亮（如图 1-45 所示）。

10. 发动机防盗系统

指示灯闪烁：电子发动机防盗系统出现故障。发动机无法启动（如图 1-46 所示）。

11. 车门未关

▲ 图 1-45　燃油压力指示灯

▲ 图 1-46　防盗指示灯

车门或行李厢盖未关严时，指示灯启亮（如图 1-47 所示）。

▲ 图 1-47　车门未关指示灯

【器材准备】

操作设备含有科鲁兹实车（如图 1-48 所示）、车内三件套（如图 1-49 所示）、车外三件套（如图 1-50 所示）。

▲ 图 1-48　科鲁兹实车

▲ 图 1-49　车内三件套

图 1-50　翼子板布前格子栅布

任务实施

说明：车辆到达正常工作温度后检查各仪表指示，并在工作单上进行记录。同时做好准备工作，车外安装车轮挡块，安装车内三件套。

一、进行车辆启动前准备

1. 手动变速器

将挡位挂入中间空挡位置，此时换挡杆应能左右自由移动（如图 1-51 所示）。

▲图 1-51　手动变速器准备

▲图 1-52　手动变速器准备

2. 自动变速器

将档位挂入 P 挡（驻车挡）位置（如图 1-52 所示）。

二、打开点火开关并启动

（1）将点火开关旋转至 2 挡位置，此时仪表盘应点亮。

（2）将点火开关旋转至 3 挡位置，此时车辆应该正常启动（如图 1-53 所示）。

三、检查仪表指示灯和警告灯是否正常

操作提示：无论仪表是否有故障，警告灯都应正常点亮后熄灭，如未点亮的也应视为故障。

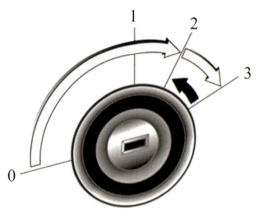

▲图 1-53　打开点火开关

四、填写维修记录

操作提示：如发现故障应立即停止操作并与客户（老师）沟通，如车辆发生故障后仍旧进行检查操作可能导致故障的进一步恶化。

拓展学习

HUD 显示

HUD 全称抬头数字显示仪（Heads Up Display），又叫平视显示系统。可以把重要的信息，

映射在玻璃上,使驾驶员不必低头就能看清重要的信息,最早曾用于军用战斗机上。(如图1-54所示)

如今这一先进技术被移植在了汽车上,一些高端豪华汽车上已经出现HUD(如图1-55所示)。它将发动机转速、车速、里程等重要信息投影在驾驶员前方的挡风玻璃上,并且驾驶员可以选择所显示的信息种类。有了抬头显示系统驾驶员不必低头,就能看清重要的信息。避免因为低头的动作而分散对前方道路的注意力。

图1-54　战斗机HUD

▲ 图1-55　车载HUD

HUD抬头显示器可以让驾驶者通过方向盘上方的前挡风玻璃,了解行车速度、导航指示、定速巡航、行车诊断控制等重要行车信息,而不必因为担心超速而分心移开视线。

因为有以上的优点,在选择了HUD平视显示系统以后,可以大大缓解人眼的疲劳状况,有利于安全行车。这种显示系统旨在提高汽车的安全性,让驾驶者将注意力都集中在路面上,减少事故的发生率。

HUD未来还会加入行人检测、AI互动等更多的功能,技术成熟后将会被引入到更多的车型上,为驾驶员获得更好的安全性与更舒适的驾驶体验。

练习与检测

一、判断题

(1) 汽车警告灯只要不亮就表示车辆没有故障保养。　　　　　　　　　　　　　(　　)
(2) 观察燃油表时,不能等燃油全部用完才去加油。　　　　　　　　　　　　　(　　)
(3) 机油指示灯点亮时应立即开往维修站进行维修。　　　　　　　　　　　　　(　　)
(4) ABS指示灯点亮后制动也随之失效。　　　　　　　　　　　　　　　　　　(　　)
(5) 冷却液指示灯显示水温过高时应立即停车。　　　　　　　　　　　　　　　(　　)

二、单选题

（1）仪表中一般一位和警示的颜色为（　　　）。
A. 红色　　　　　　　　　　　B. 黄色
C. 绿色　　　　　　　　　　　D. 蓝色

（2）以下哪个灯没有仪表显示（　　　）。
A. 制动灯　　　　　　　　　　B. 远光灯
C. 雾灯　　　　　　　　　　　D. 小灯

（3）以下哪个指示灯与警告灯点亮后可以不用寻找拖车服务，自行开往 4S 店进行维修（　　　）。
A. 水温指示灯　　　　　　　　B. 机油压力指示灯
C. ABS 警告灯　　　　　　　　D. 燃油指示灯

（4）以下哪个指示灯需要启动后才能熄灭（　　　）。
A. 充电指示灯　　　　　　　　B. 安全气囊指示灯
C. 驻车指示灯　　　　　　　　D. 转向指示灯

（5）汽车警告灯应（　　　）。
A. 始终保持熄灭状态　　　　　B. 始终保持点亮状态
C. 先点亮后熄灭　　　　　　　D. 先闪烁后熄灭

项目一　汽车使用

模块三　汽车灯光操作

学习目标

1. 能正确说出汽车各类外部灯光名称、作用和安装位置及操作要领。
2. 能正确说出汽车各类内部灯光名称、作用和安装位置及操作要领。

学习导入

灯光系统在夜间或能见度低的情况下，经由驾驶员或车辆控制模块根据需求，将蓄电池的电流经由点火开关、保险丝、控制模块等传输至各类灯光设备（如图1-56所示）。

正确使用汽车灯光可以向驾驶员、乘客和交通管理人员提供照明，对其他车辆和行人起提示及警告。

这些灯光信号都是驾驶员根据道路交通情况向别的车辆和行人发出的，带有较强的随机性，一般只由自身开关控制。所以学会正确使用各类灯光开关是汽车从业人员必不可少的技能之一。

▲ 图1-56　汽车照明

任务　汽车灯光的操作

任务描述

一辆科鲁兹1.6 L轿车（发动机型号LDE），行车前绕车巡视，进行车内外灯光检查。

任务准备

【知识准备】

一、照明系统的组成

汽车照明系统由电源、照明装置及其控制部分组成。电源在没有起动发动机前由蓄电池供应，汽车发动后由发电机供应。照明装置包括车外照明、车内照明和工作照明三部分。控制部分是灯光开关（如图 1-57 所示）。

二、汽车照明的种类

汽车照明系统灯具按照功能功用划分，主要分为汽车照明灯和汽车信号灯。

汽车照明灯按照其安装的位置及功用，包括前照灯、雾灯、牌照灯、仪表灯、顶灯、工作灯。汽车灯光信号灯则有转向信号灯、危险报警灯、示宽灯、尾灯、制动灯、倒车灯。汽车照明系统灯具常见安装位置如图 1-58 所示。

▲ 图 1-57 灯光开关

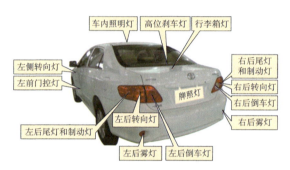

▲ 图 1-58 汽车外部照明示意图

三、汽车照明灯

1. 前照灯

前照灯又叫前大灯，装于汽车头部两侧，用于夜间行车道路的照明。有两灯制和四灯制之分。每辆车安装 2 只或 4 只，装于外侧的一对应为近、远光双光束灯，装于内侧的一对应为远光单光束灯。

前照灯光色为白色，灯泡功率远光灯为 45～60 W，近光灯为 25～55 W。要求前照灯应能保证提供车前 100 m 以上路面明亮、均匀的照明，并且不应对迎面来车的驾驶员造成眩目。随着车速的不断提高，汽车前照灯的照明距离已可达到 200～300 m。

2. 雾灯

雾灯安装于汽车的前部和后部。用于在雨雾天气行车时的道路照明和为迎面来车及后面来车提供信号。前雾灯安装在前照灯附近，一般比前照灯的位置稍低，因为雾天能见度低，驾驶员视线受到限制。红色和黄色是穿透力最强的颜色，前雾灯光色为黄色，这是因为黄色光光波较长，具有良好的透雾性能，灯泡功率一般为 35 W。后雾灯采用单只时，应安装在车辆纵向平面的左侧，与制动灯间的距离应大于 100 mm，后雾灯光色为红色，以警示尾随车辆保持安全距离，灯泡功率一般为 21 W。

3. 倒车灯

倒车灯装于汽车尾部，用于倒车时汽车后方道路照明和警告其他车辆和行人，表示该车正在倒车，兼有灯光信号装置的功能。倒车灯光色为白色，功率一般为 28 W。

4. 牌照灯

牌照灯用于照亮车辆牌照，要求夜间在车后 20 m 处能看清牌照号码。牌照灯装在汽车尾部牌照的上方或左右两侧，灯光光色为白色，灯泡功率为 8～10 W。

它没有单独的开关控制，受示宽灯或前照灯开关控制。一般与小灯由同一个开关控制。

5. 汽车内部照明系统

汽车内部照明系统由顶灯、仪表灯、踏步灯、工作灯、行李厢灯组成。主要是为驾驶员、乘客提供方便。灯光光色为白色，灯泡功率在 2～20 W 范围内。

顶灯：安装在驾驶室或车厢内顶部，为驾驶室或车厢内的照明灯具。灯光颜色一般为白色。

仪表灯：安装于仪表盘内，它用来照明汽车仪表。灯光颜色一般为白色。

工作灯：是车辆维修时可以移动使用的一种随车低压照明工具，电源来自发电机或蓄电池。常常带有挂钩或夹钳，插头有点烟器式或两柱插头式两种。

行李厢灯：为轿车行李厢内的灯具，灯光为白色。

阅读灯：装于乘员席前部或顶部，聚光时乘员看书不会使驾驶员发生眩目现象，照明范围较小，有的还有光轴方向调节机构。

门灯：装于轿车外张式车门内侧底部，开启车门时，门灯发亮，以告示后来行人、车辆注意避让。门灯功率为 5 W，光色为红色。

四、汽车灯光信号系统

1. 转向信号灯

装于汽车前、后、左、右角，用于汽车转弯时发出明暗交替的闪光信号，使前后车辆、行人、交警知其行驶方向。转向信号灯的灯光光色为琥珀色，灯泡功率一般为 20 W。汽车转向信号灯的指示距离，要求前、后转向信号灯白天距 100 m 以外可见，侧转向信号灯白天距 30 m 以外可见。转向信号灯的闪光频率应控制在 1.0～2.0 Hz。

2. 危险报警信号灯

危险报警信号灯用于车辆遇到紧急危险情况时，同时点亮前后左右转向灯以发出警告信号。与转向信号灯有相同的要求。

3. 制动灯

制动灯用于指示车辆的制动或减速信号。制动灯安装在车尾两侧，两制动灯应与汽车的纵轴线对称并在同一高度上，制动灯光色为红色，应保证白天距 100 m 以外可见。

4. 示廓灯

示廓灯安装在汽车前、后、左、右侧的边缘。用于夜间行驶时指示汽车宽度。用于汽车夜间行车时标志汽车的宽度和高度，因此也相应地被称之"示宽灯"和"示高灯"。示廓灯灯光标志在夜间 300 m 以外可见。前示廓灯的光色为白色，后示廓灯的光色多为红色，灯泡功率为 8～10 W。

【器材准备】

操作设备含有科鲁兹实车（如图 1-59 所示）、车内三件套（如图 1-60 所示）、车外三件套（如图 1-61 所示）。

▲ 图1-59　科鲁兹实车

▲ 图1-60　车内三件套

图1-61　翼子板布前格子栅布

任务实施

说明：正确使用灯光开关检查车辆工作状态，并在工作单上进行记录。同时做好准备工作，车外安装车轮挡块，安装车内三件套。

注意：检查灯光时应撤除翼子板布，以免挡住灯光。

一、进行车辆起动前准备

1. 手动变速器

将挡位挂入中间空挡位置，此时换挡杆应能左右自由移动（如图1-62所示）。

▲ 图1-62　手动变速器准备

▲ 图1-63　手动变速器准备

2. 自动变速器

将挡位挂入P挡（驻车挡）位置（如图1-63所示）。

二、打开点火开关并启动

（1）将点火开关旋转至 2 挡位置，此时仪表盘应点亮。

（2）将点火开关旋转至 3 挡位置，此时车辆应该正常启动（如图 1-64 所示）。

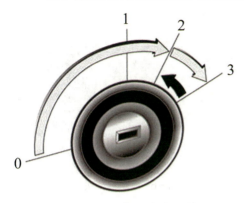

▲ 图 1-64　打开点火开关

▲ 图 1-65　灯光开关

三、灯光开关检查

将灯光开关顺时针旋转一格。此时小灯、尾灯、仪表板灯、牌照灯应同时点亮（如图 1-65 所示）。

四、远光灯开关检查

（1）从近光灯切换成远光灯：将灯光操作杆（如图 1-66 所示）向前推动，此时远光灯应点亮。

（2）切换成近光灯：拉动控制杆切换大灯挡位。

研究表明，夜间行车时，后方车辆的前大眩光会造成司机夜盲。即使眩光光源移开后，残留在眼睛内的影像会造成盲点，这种现象被称之为"百痴效应"。这种效应会使司机的反应时间降低 1.4 秒。当车以每小时百公里行驶时，驾驶者对前面的危险做出反应之前，1.4 秒时间足以行驶 40 m 左右。这无疑极大地增加了撞车或导致车内乘客受伤的危险。所以在接近对面来车或者接近前方车辆时，应总是将远光灯切换成近光灯，以防止危险的产生。

▲ 图 1-66　灯光操纵杆

五、转向灯开关检查

（1）右转向：控制杆向上拨动。

（2）左转向：控制杆向下拨动（如图 1-67 所示）。

如果控制杆过了阻力点，则指示灯会一直闪烁。当方向盘回正时，指示灯会自动熄灭。

▲ 图 1-67　转向灯开关

六、危险警告灯开关检查

按下仪表板上的按钮（如图 1-68 所示），可开关危险警告闪光灯。此时，左右转向灯同时点亮并闪烁。危险警告闪光灯在安全气囊展开时会自动启用。

▲图 1-68　危险警告灯开关

▲图 1-69　雾灯开关

七、雾灯开关检查

按下前雾灯按钮（如图 1-69 的上半圆所示），开启或关闭前雾灯。按下后雾灯按钮（如图 1-69 的下半圆所示），开启或关闭后雾灯。

操作注意如下：

按下后雾灯开关时，后雾灯应能与前雾灯一起开启。

八、仪表板照明控制

转动旋钮（如图 1-70 所示），按住直至达到所需的亮度。

一般可以有以下照明灯可以调节：

（1）仪表板照明；

（2）方向盘控制装置；

（3）信息显示屏；

（4）信息娱乐系统操作单元；

（5）温度控制系统操作单元；

（6）带照明的开关。

▲图 1-70　亮度调节

▲图 1-71　门控灯开关

九、门控灯

（1）将门控灯挂入门挡（如图 1-71 所示）。

（2）开闭车门时门控灯会自动开启，并在稍有延迟后关闭。

十、倒车灯

（1）将踩下制动踏板。

（2）将换挡杆挂入 R 挡后（如图 1-72 所示），倒车灯应点亮。

▲ 图 1-72 挂入倒车档

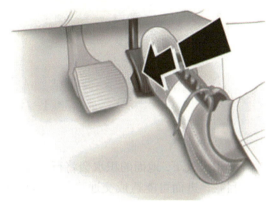

▲ 图 1-73 制动踏板

十一、制动灯

踩下制动踏板（如图 1-73 所示）时，制动灯与高位制动灯应同时点亮。

十二、填写维修记录

如发现故障应立即停止操作与客户（老师）沟通，如车辆故障后仍旧进行检查操作可能导致故障的加剧和车辆状态的恶化。

拓展学习

自适应前照灯系统

汽车自适应前照灯系统，英文缩写是 AFS（Adaptive Front-lighting System）。它是一种能够自动改变两种以上的光型以适应车辆行驶条件变化的前照灯系统，是目前国际上在车灯照明上的新技术之一，它的研发对汽车夜晚行车安全起到了很大的作用。

传统的前照灯系统是由近光灯、远光灯、行驶灯和前雾灯组合而成。在城市道路行驶并且限速的情况下，主要采用近光灯；在乡间道路或者高速公路上高速行驶的时候，主要采用远光灯；雾天行驶的时候，应该打开雾灯；白天行驶，应该打开行驶灯（欧洲标准）。但是在实际的使用中，传统的前照灯系统存在着诸多问题。例如，现有近光灯在近距离上的照明效果很不好，特别是在交通状况比较复杂的市区，经常会有很多司机在晚上将近光灯、远光灯和前雾灯统统打开；车辆在转弯的时候也存在照明的暗区，严重影响了司机对弯道上障碍的判断；车辆在雨天行驶的时候，地面积水反射前灯的光线，产生反射眩光；等等。

上述这些问题的存在，就使得研制一种具有多种照明功能的前照灯成为必要，并且这些功能的切换，出于安全上的考虑，必须是自动实现的。所以欧洲和日本相继研制了这种自动适应车辆行驶状态的前照灯系统——AFS（如图 1-74 所示）。它在原来的前照灯基础上可根据不同路面状况进行智能化自动控制。

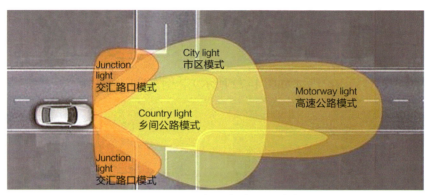

▲ 图 1-74 自适应前照灯系统

1. 阴雨天气的照明

阴雨天气下，地面的积水会将行驶车辆打在地面上的光线，反射至对面会车司机的眼睛，使其目眩，进而可能造成交通事故。AFS 有效的解决方法是：前灯发出如图 1-74 所示的特殊光型，减弱地面可能对会车产生眩光的区域的光强。

2. 转弯道路的照明

传统前灯的光线因为和车辆行驶方向保持着一致，所以不可避免地存在照明的暗区。一旦在弯道上存在障碍物，极易因为司机对其准备不足，引发交通事故。AFS 解决的方法是：车辆在进入弯道时，产生旋转的光型，给弯道以足够的照明。

3. 高速公路的照明

车辆在高速公路上行驶，因为具有极高的车速，所以需要前照灯比对乡村道路照得更远，照得更宽。而传统的前灯却存在着高速公路上照明不足的问题。AFS 采用了更为宽广的光型以解决这一问题（如图 1-74 所示）。

4. 城市道路的照明

城市中道路复杂、狭窄。传统前照灯近光如图 1-74 所示，因为光型比较狭长，所以不能满足城市道路照明的要求。AFS 在考虑到车辆市区行驶速度受到限制的情况下，可以产生比较宽阔的光型，有效地避免了与岔路中突然出现的行人、车辆可能发生的交通事故。

练习与检测

一、判断题

（1）汽车大灯只有在小灯开启时才能使用。　　　　　　　　　　　　　　（　）
（2）日常行驶时应开启远光灯以获得更好的行车视野。　　　　　　　　　（　）
（3）汽车雾灯不是每辆车子的标配。　　　　　　　　　　　　　　　　　（　）
（4）门控灯在引擎盖打开时也起作用。　　　　　　　　　　　　　　　　（　）
（5）牌照灯有单独开关控制。　　　　　　　　　　　　　　　　　　　　（　）

二、单选题

（1）以下哪个不是前部灯光？（　　）
A. 小灯　　　　　　　　　　　　B. 远光灯

C. 雾灯 　　　　　　　　　　D. 牌照灯

（2）以下哪个灯没有仪表显示？（　　）
A. 制动灯 　　　　　　　　　B. 远光灯
C. 雾灯 　　　　　　　　　　D. 小灯

（3）汽车大灯检查应该在（　　）时检查。
A. 启动前 　　　　　　　　　B. 启动中
C. 启动后 　　　　　　　　　D. 任何时候

（4）以下哪一个不是灯光的组成？（　　）
A. 光源 　　　　　　　　　　B. 反射镜
C. 配光镜 　　　　　　　　　D. 电池

（5）以下哪一个灯必须开启小灯后检测？（　　）
A. 雾灯 　　　　　　　　　　B. 制动灯
C. 倒车灯 　　　　　　　　　D. 门控灯

模块四　汽车舒适系统操作

1. 能正确说出汽车空调功能、功能键位置和含义及操作要领。
2. 能正确汽车电动座椅功能、功能键位置和含义及操作要领。
3. 能正确说出汽车电动门窗功能、功能键位置和含义及操作要领。
4. 能正确说出汽车电动后视镜功能、功能键位置和含义及操作要领。

学习导入

▲ 图 1-75　汽车舒适体验

随着人们对车辆乘坐舒适性要求的提高，特别是在汽车进入家庭以后，越来越多先进的技术得到运用，并逐渐取代传统的机械装置，不仅提高了操作的舒适性，而且可以附加很多辅助功能。

良好的舒适性能（如图 1-75 所示）使汽车在一般行驶速度范围内行驶时，能让乘员不会因车身振动而引起不舒服和疲劳的感觉，以及保持所运货物完整无损的性能。由于行驶平顺性主要是根据乘员的舒适程度来评价，又称为乘坐舒适性。

本模块将学习汽车的常用舒适性功能以及检查。

任务　汽车空调、座椅、门窗、后视镜操作

任务描述

一辆新购科鲁兹 1.6 L 轿车（发动机型号 LDE），驾驶员不了解汽车舒适系统的操作，作为技术人员要指导客户掌握汽车舒适系统的基本操作。

任务准备

【知识准备】

一、汽车空调

1. 汽车空调的原理

空调即空气调节，它是对空气进行如下处理（如图1-76所示）：冷却、加热、过滤及除尘、加湿或除湿、循环流动或不循环流动从而使车厢内的空气温度、相对湿度、空气的流速以及空气的清洁度达到人体感觉舒适的范围。

▲ 图1-76 汽车空调结构

2. 汽车空调技术要求

汽车空调应符合以下要求：

① 任何条件下，车厢内部都具有舒适的温度范围和气流平均速度。

② 控制和操纵机构要灵活、方便、可靠。

③ 体积小、重量轻、安装维修方便。

④ 具有快速制冷和快速采暖能力。

⑤ 对发动机的动力消耗、燃油消耗、加速和爬坡性能的影响尽可能小。

⑥ 结构布局要紧凑合理，要有防振措施。

3. 汽车空调制冷原理

物质由一种状态到另一种状态需要进行能量转换（如图1-77所示）。如冰化成水需要吸收热量，水再变成蒸汽也需要热量。而物体冷却就要失去热量。

所以，汽车上采用了一种压缩式制冷系统。制冷剂在一个封闭的环路中循环，并且在液态与气态之间不断转换。这样制冷剂在由液态转化成气态时就将车内的热量带走了。

▲ 图1-77 热转换

二、汽车电动座椅

随着生活水平的提高，人们对汽车座椅的舒适性要求也越来越高，要求对汽车座椅地调节能够更加简单、方便、快捷。目前，汽车座椅位置的调节多采用基于手动调节的机械式和电动控制两种方式。汽车座椅位置的调节主要有三个方向，即高度调节、水平位置调节以及座椅靠背倾角的调节。汽车电动座椅作用是为驾驶者提供便于操作、舒适而又安全的驾驶位

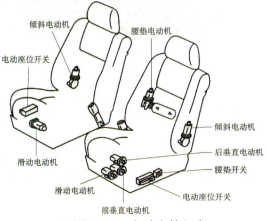

▲ 图1-78 电动座椅组成

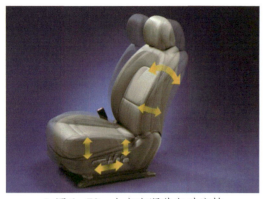

▲ 图 1-79　十方向调节电动座椅

置。座椅的组成包含座垫、靠背、头枕、腰垫等（如图 1-78 所示）。

电动座椅的方向调节可分为四方向、六方向、八方向和十方向（如图 1-79 所示）等，前后方向的调节量一般为 100～160 mm，上下方向的调节量约为 30～50 mm。

三、电动门窗

现代汽车对车窗的舒适性和便捷性要求越来越高，电动车窗已经越来越多地成为汽车的通用配置。所谓电动车窗，就是通过车载电源来驱动玻璃升降器电动机，使升降器上下运动，带动车窗玻璃上下运动的装置，达到车窗自动开闭的目的。电动车窗可使驾驶员或者乘员坐在座位上，利用开关使车门玻璃自动升降，操作简便且有利于行车安全，已经成为各家汽车厂商车窗设计时的首选。

电动门窗（如图 1-80 所示）主要由车窗玻璃、车窗玻璃升降器、电动机和控制开关等组成。

控制开关（如图 1-81 所示）一般有两套：一套为总开关，装在仪表板或驾驶员一侧的车门上；另一套为分开关，分别安装在每个车窗上。由于所有车窗的电动机都要通过总开关搭铁，所以如果总开关断开，分开关就不能起作用。

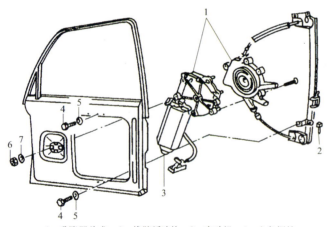

1—升降器总成　2—橡胶缓冲块　3—电动机　4—六角螺栓
5—垫圈　6—六角螺母　7—碟形弹簧垫圈
▲ 图 1-80　电动门窗组成

▲ 图 1-81　电动门窗控制开关

四、电动后视镜

汽车后视镜（如图 1-82 所示）有助于驾驶员观察车辆后方和两侧的情况，对驾驶员安全行车和驻车都具有非常重要的作用。

由于后视镜的位置直接关系到驾驶员能否观察到车后的情况，而驾驶员调整它的位置又比较困难，尤其是前排乘客车门一侧的后视镜。因此，现代汽车的后视镜都改为电动的，由电气控制系统来操纵，即为电动外后视镜。

1）电动后视镜的组成

汽车电动后视镜一般由镜片、驱动电机、控制电路及控制开关等组成。

控制开关和电路安装在驾驶室车门的组合开关上，镜片、驱动电机安装在后视镜中。

2）工作原理（如图1-83所示）

电动后视镜开关根据后视镜选择开关的位置和选择的移动位置来控制外部后视镜。

电动后视镜开关有4个位置：上、下、左、右。

选定移动位置开关后，通过电动后视镜保险丝向开关提供12 V电压，通过后视镜控制电路发送到要控制的视镜。

上下方向的转动用一个电动机控制，通过改变电动机的电流方向，完成对后视镜的上下方向的调整。

左右方向的转动用另一个电动机控制，通过改变电动机的电流方向，完成对后视镜的左右方向的调整。

所以左右两边都有2个电动马达，共4个电动马达。

▲ 图1-82 电动后视镜

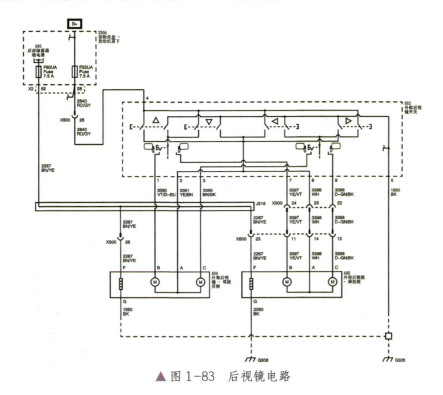

▲ 图1-83 后视镜电路

二、器材准备

操作设备含有科鲁兹实车（如图1-84所示）、车内三件套（如图1-85所示）、车外三件套（如图1-86所示）。

▲ 图1-84 科鲁兹轿车

▲ 图1-85 车内三件套

图1-86 翼子板布前格子栅布

任务实施

说明：正确使用灯光开关检查车辆是否正常，并在工作单上进行记录。同时做好准备工作，车外安装车轮挡块，安装车内三件套。

一、进行车辆启动前准备

1. 手动变速器

将挡位挂入中间空挡位置，此时换挡杆应能左右自由移动（如图1-87所示）。

▲ 图1-87 手动变速器准备

▲ 图1-88 手动变速器准备

2. 自动变速器

将挡位挂入P挡（驻车挡）位置（如图1-88所示）。

二、打开点火开关并启动

（1）将点火开关旋转至 2 挡位置，此时仪表盘应点亮。

（2）将点火开关旋转至 3 挡位置，此时车辆应该正常起动（如图 1-89 所示）。

三、空调开关检查

通过按下不同按钮可实现汽车的空调控制（如图 1-90 所示）。

1. 空调温度调节

通过转动旋钮调节温度。

红色区域 = 暖风；蓝色区域 = 冷风。

操作提示如下：

直到发动机达到工作温度，才能够完全实现加热功能。

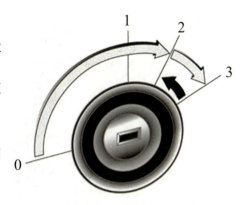

▲ 图 1-89　打开点火开关

2. 送风模式调节

按下按钮选择出风模式。

吹脸 / 吹脚模式；吹脚模式；吹脸模式；地板 / 除霜模式。

操作提示如下：

选择的设置可由按钮中的 LED 指示灯显示。

3. 风量调节

调节右侧旋钮来获得期望的风速。

4. 制冷调节检查

按下按钮检查空调制冷情况，一般出风口温度应为 4～7℃左右。

▲ 图 1-90　空调控制开关

5. 空气内外循环模式检查

通过按下按钮可切换车厢内外空气供给。

操作提示如下：

长时间行驶时使用的空气内循环模式，会使驾驶员犯困，应定时转到室外空气模式来获取新鲜空气。如果未启用制冷功能进行操作，空气湿度会增加，车窗会起雾。乘客车厢内空气的质量也会恶化，从而可能导致车辆乘员昏昏欲睡、精神不振。

6. 除霜和除雾检查

按下按钮后风扇会切换到较大风速，大部分风量会吹向挡风玻璃。

① 打开制冷系统。
② 将温度控制调到最暖位置。
③ 开启后窗加热功能。
④ 根据需要打开边侧通风口，将气流导向侧窗。

四、电动座椅检查

1. 座椅位置调节

拉动把手（如图 1-91 所示），将座椅调整至所需位置，松开把手，将座椅固定至合适位置。

▲ 图 1-91　座椅前后调节把手　　　　　▲ 图 1-92　座椅前后控制杆

2. 座椅靠背调节

拉起控制杆（如图 1-92 所示），调节靠背倾斜角度，松开控制杆固定。当座椅靠背发出咔嗒声后表明接合已固定。

操作提示：调节时人不要靠在座椅靠背上。

3. 座椅高度调节

调整控制杆：向上 = 升高座椅；向下 = 降低座椅（如图 1-93 所示）。

▲ 图 1-93　高度调节控制杆　　　　　▲ 图 1-94　头枕调节

4. 头枕调节

要向上调节头枕，可直接向上拉动头枕到需要的位置（如图 1-94 所示）；要向下调节头枕，按释放开关，向下推头枕到需要的位置后松开释放开关。

五、电动门窗检查

操作相应车窗的开关（如图 1-95 所示），按下开关打开车窗，拉动开关关闭车窗。

轻按或轻拉到第一挡：车窗玻璃会随开关的操作降下或升起。用力按下或拉动到第二挡，然后松开：驾驶员车窗玻璃会在有安全功能的情况下自动降下或升起，其他车窗玻璃只能自动降下。若想停止移动，再一次按相同方向的

▲ 图 1-95　电动门窗开关

操作开关。

六、电动后视镜检查

1. 电动调节

向左（L）或向右（R）调节控制钮，选择相应的车外后视镜。在位置不会选中任何后视镜。然后向左、右、上或下推控制钮来调节后视镜（如图1-96所示）。

2. 折叠

为了确保行人的安全，车外后视镜在遭受到足够力量撞击时，将会从其正常安装位置向两侧旋转。可以通过给后视镜镜框施加少许压力来使它们复位。

七、填写维修记录

提示：如发现故障应立即停止操作与客户（老师）沟通，如车辆发生故障后仍旧进行检查操作可能导致故障的加剧和车辆状态的恶化。

▲ 图1-96　电动后视镜按钮

拓展学习

一、司机侧座椅和后视镜记忆功能

该系统是记忆控制单元通过记忆按钮或遥控单元（如图1-97所示），将驾驶员座椅和外后视镜设定到三个不同位置。

在换司机时，按下相应的按钮，座椅和后视镜将自动移动到所需位置。

倒车时右后视镜的位置也可进行调整。

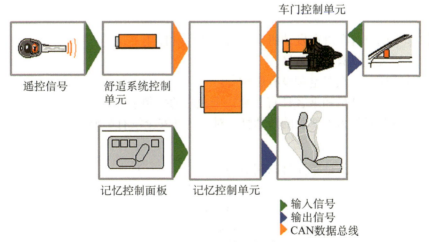

▲ 图1-97　座椅记忆功能

二、电动车窗防夹

防夹玻璃升降器的工作原理是当玻璃上升时，如果在上升区域内有人体某部位或物件时会立即反转（下降）一段距离后停止，以防止夹伤乘客。

目前，防夹玻璃升降器从防夹功能上主要分为两类：接触式和非接触式。

三、后视镜

1. 防眩目

当汽车夜间行驶时，后面车辆的前照灯灯光可能会通过后视镜反射到驾驶员眼睛里，造成安全隐患，因此有些轿车后视镜内装有自动防眩目功能（如图1-98所示）。

2. 后视镜盲区

一般汽车的标配有三面后视镜：左侧外后视镜、右侧外后视镜以及中央内后视镜。外后视镜使用的频率比较高，一般车子要进行变道和转弯时司机都要去看，许

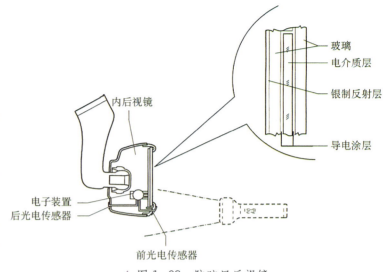

▲ 图1-98 防眩目后视镜

多人的中央后视镜却很少使用，其实通过这三面后视镜我们的视野能够扩展60°左右，加上人眼200°的可视范围，驾驶员在车内的可视范围大约是260°，剩下的就是盲区。正确地利用好三个后视镜，能很好的保证我们的视野，提高我们的行车安全。

练习与检测

一、判断题

（1）汽车空调只有在汽车发动机启动后才能正常使用。（　　）
（2）汽车后视镜具有视觉盲区。（　　）
（3）内外循环对于汽车空调没有影响。（　　）
（4）车窗对于驾驶员和乘客具有2套完全独立的控制系统。（　　）
（5）座椅调节只是为了驾驶的舒适性，对于驾驶安全没有影响。（　　）

二、单选题

（1）以下哪个方向不是座椅可以调节的方向？（　　）
A. 上下　　　　　　　　B. 左右
C. 前后　　　　　　　　D. 倾斜
（2）后视镜可以为我们增加（　　）可视角度。
A. 30°　　　　　　　　B. 60°
C. 90°　　　　　　　　D. 120°
（3）以下哪个不是汽车空调风口的挡位？（　　）
A. 头部　　　　　　　　B. 脚部

C. 胸部　　　　　　　　　　　D. 背部
（4）如果车窗有雾气，可使用下列哪个挡位进行除雾？（　　）
A. 冷风、头部　　　　　　　　B. 热风、头部
C. 冷风、除霜　　　　　　　　D. 热风、除霜
（5）以下哪个功能是电动座椅标配功能？（　　）
A. 座椅方向调节　　　　　　　B. 座椅记忆功能
C. 座椅加热　　　　　　　　　D. 座椅通风

模块五 汽车娱乐系统操作

学习目标

1. 能正确说出汽车影像系统各个功能项的功能及操作方法。
2. 能正确说出汽车音响系统各个功能项的功能及操作方法。

学习导入

汽车，从问世的第一天起，便走上了其不平凡的旅程。随着技术的不断革新和进步，汽车工业的发展和创新正以令人惊叹的速度向前发展，人们不再仅仅满足于汽车作为代步的需要，而是开始追求易用、美观、节能、动力、舒适等更高层次的目标。而未来，汽车也绝对不只是出行的工具，而更会像一个可以移动并能提供强大动力的网络和娱乐终端，而且会向更加智能和人性化的方向发展。这是汽车发展的必然趋势，也是科技进步带来的必然结果。

▲ 图1-99 汽车娱乐系统

车载娱乐系统（如图1-99所示）已经由以前的收音机和一个卡带机或CD机进化成可以通过用户和其他车辆通信，拥有多种娱乐和信息的系统。以此满足人们对汽车娱乐性、舒适性的要求，可进行卫星数字广播接收、车载数字电视接收、CD/DVD播放等，并具有MP3/MP4/IPOD/USB等多媒体播放功能。

现在车内驾驶员、乘员的体验已成为车厂研发车型的重要考虑因素之一，而最常见的就是汽车影音娱乐系统的不断丰富。汽车的影音系统便是满足驾驶员视听娱乐需求的产物。

任务 汽车影音操作

任务描述

一辆科鲁兹1.6 L轿车（发动机型号LDE），对其车载影音系统进行检查。

任务准备

【知识准备】

一、汽车导航

车载多媒体导航（如图 1-100 所示）首先可以优化交通效率。普及 GPS 导航后，带来的是更智能、更科学、更高效的交通管理体系，在很大程度上缓解了城市的交通压力。其次，随着我国经济的迅猛发展，城市道路改动比较频繁，如果采用个人导航终端，则可以随时更新，保证电子地图永远是最新的、准确的，能够及时把握道路变化情况并帮助司机设计出最佳、最快、最经济的行驶路线，提高行车效率。

▲ 图 1-100　汽车导航

使出行者可以提前选择适当的出行方式和出行时间，从而起到缓解拥堵、改善环境的作用，车载多媒体导航系统项目具有必要性。

精准的汽车导航可以使驾驶员即使对当地路况不熟悉，导航系统也能可靠地将其引导至目的地，而不需要经常阅读地图导致驾驶时注意力分散引发的交通事故。

导航系统利用传感器检测车辆的位置和运动。行驶距离可经由车辆的车速表信号确定，在弯道上的转向移动则可经由陀螺仪传感器确定。车辆的位置则可使用 GPS 卫星（全球定位系统）确定。

输入目的地地址或设施（就近的加油站、酒店等）后，会开始计算从当前位置到所选目的地的行车路线。路线导航由语音输出及一个箭头指示，并借助于彩色地图显示或两种显示的组合。

二、倒车影像

倒车影像（英文名称：vehicle backup camera）又称泊车辅助系统，或称倒车可视系统、车载监控系统等（如图 1-101 所示）。该系统广泛应用于各类大、中、小型车辆倒车或行车安全辅助领域。

▲ 图 1-101　倒车影像

倒车时屏幕反映的影像可以使司机对车后的状况更加直观、一目了然，对于倒车安全来说是非常实用的配置之一。当挂倒车挡时，该系统会自动接通位于车尾的高清倒车摄像头，将车后状况清晰地显示于倒车液晶显示屏上，让驾驶员准确把握后方路况，倒车亦如前进般自如。

倒车影像系统带有红外线装置，即使在晚上也能看得一清二楚。专业车载探头防磁、防震、防水、防尘性能也有了进一步提升。车载显示器采用 TFT 真彩，经过防磁处理无信号干扰、无频闪。同时具有倒车可视自动水平转换、自动开关功能。仪表台、内视镜式显示器通过车后的车载摄像头可将后方的信息清晰显示。也可同时安装两个倒车后视摄像头，实现倒车时无盲区。

三、汽车音响

汽车音响（auto audio）是为减轻驾驶员和乘员旅行中感到枯燥而设置的收放音装置。最早使用的是汽车调幅收音机，后来是调幅调频收音机、磁带放音机，发展至 CD 放音机和兼容 DCC、DAT 数码音响。现在汽车音响无论在音色、操作和防振等各方面均达到了较高的标准，能应付汽车在崎岖的道路上颠簸，保证性能的稳定和音质的完美。汽车音响系统和汽车空调一样，是一种创造舒适驾驶环境的设备。随着现代数字技术的发展，新的车型通常还装有 CD 放音机，用来播放录制的数字信号（如图 1-102 所示）。

▲图 1-102　汽车音响

【器材准备】

操作设备含有科鲁兹实车（如图 1-103 所示）、车内三件套（如图 1-104 所示）、车外三件套（如图 1-105 所示）。

▲图 1-103　科鲁兹轿车

▲图 1-104　车内三件套

图 1-105　翼子板布前格子栅布

任务实施

说明： 正确检查车载影音，并在工作单上进行记录。同时做好准备工作，车外安装车轮挡块，安装车内三件套。

一、进行车辆起动前准备

1. 手动变速器

将挡位挂入中间空挡位置，此时换挡杆应能左右自由移动（如图1-106所示）。

▲图1-106 手动变速器准备

▲图1-107 自动变速器准备

2. 自动变速器

将挡位挂入P挡（驻车挡）位置（如图1-107所示）。

二、打开点火开关并启动

（1）将点火开关旋转至2挡位置，此时仪表盘应点亮。

（2）将点火开关旋转至3挡位置，此时车辆应该正常启动（如图1-108所示）。

三、检查车载导航系统

（1）首先打开导航开关按钮，系统进入导航界面。

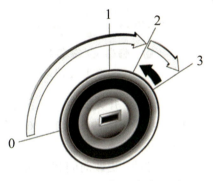
▲图1-108 打开点火开关

▲图1-109 汽车导航

（2）然后根据卫星定位确定自己所在的位置，搜索需要到达的目的地。

（3）然后系统会显示你查到的地址，然后选择正确的目的地。

（4）最后导航自动设置路线开始导航（如图1-109所示）。

注意事项：

使用导航系统并不能免除驾驶员以正确、警惕的态度观察道路交通情况的责任。相关的交通法规必须始终遵守。如果导航指示与交通法规相冲突，应始终以交通法规为准。

导航系统具有定位和定向自校正功能。新车或经过运输后的汽车需要在导航系统具有定位和定向自校正功能。新车或经过运输后的汽车需要在GPS信号接收良好的情况下行驶一段距离或时间（如：5 km或10分钟），以便完成系统的精准自校正。

四、检查汽车倒车影像

（1）打开点火开关，将换挡杆挂入倒车挡。

（2）开启屏幕，观察倒车影像显示（如图 1-110 所示）。

（3）根据车载雷达提示和影像轨迹线进行倒车操作。

五、检查汽车音响

按下音响开关（如图 1-111 所示）检查功能好坏。

▲图 1-110　倒车影像

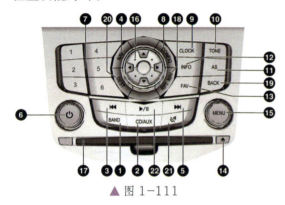

▲图 1-111

（1）收音机 / 波段：启用收音机或改变波段。

（2）音源：开始 CD/MP3 回放或改变音源。

（3）向后搜索：收音机状态时为向后搜索；CD/MP3 状态时为跳至后一曲。

（4）导航：按一次显示地图；按两次出现导航菜单。

（5）向前搜索：收音机状态时为向前搜索；CD/MP3 状态时为跳至前一曲。

（6）音量 / 开关按钮：按下按钮可打开 / 关闭娱乐导航系统；旋转按钮可调节音量。

（7）收音机电台按钮 1 ~ 6：长按为保存电台；短按为选择电台。

（8）设置：系统设置。

（9）时钟：更改时间和日期设置。

（10）音调：音调设置。

（11）自动保存：短按为选择自动存储列表；长按为自动保存电台。

（12）信息：视具体情况而定的附加信息。

（13）收藏：选择收藏列表（收音机）。

（14）弹出 CD。

（15）菜单旋钮 / 按钮：在菜单中进行选择和导航的中央控制装置。

（16）八向开关：移动导航地图视图中的显示窗口。

（17）CD 装载槽。

（18）重复播放上次的导航信息。

（19）回退：菜单状态时为回退一级；输入状态时为短按删除最后一个字符，长按删除整条输入项。

（20）目的地：导航目的地输入项。

（21）静音：启用静音功能。

（22）CD/MP3：暂停 / 回放。

六、填写维修记录

提示：如发现故障应立即停止操作与客户（老师）沟通，如车辆故障后仍旧进行检查操作可能导致故障的加剧和车辆状态的恶化。

拓展学习

全景式倒车影像

360°全景倒车影像（如图1-112所示），是一套通过车载显示屏幕观看汽车四周360°全景融合，以超宽视角，无缝拼接的适时图像信息（鸟瞰图像），了解车辆周边视线盲区，帮助汽车驾驶员更为直观、更为安全地停泊车辆的泊车辅助系统，又叫全景泊车影像系统或全景停车影像系统。

有的地方也称全车可视系统、全景可视系统、全景泊车系统、360°全车可视系统，它是后视倒车影像系统的升级换代产品，是最新的真正意义上的"全景倒车影像系统"。

倒车一直是广大司机头疼的问题，再有经验的司机也有过刮碰经历。据统计，由于车后盲区所造成的交通事故在中国约占30%，美国约占20%。难怪很多新手不怕开车，就怕倒车，一倒车就手忙脚乱。虽然有倒车雷达，但车后如果有小孩、石头、大坑等几乎无法被倒车雷达识别，极易引起事故。因而，从原来的倒车语音到超声波探头，再到现在流行的可视倒车雷达，倒车系统一直在发展进步。现如今，单个后视摄像头的可视倒车雷达产品已俨然成

▲ 图1-112

为汽车的必备安全装置之一。但同时，基于单个后视摄像头的可视倒车雷达只能看到车身正后方影像，无法同时看清车身四周状况，存在视角盲区，难以满足驾驶员越来越苛刻的驾驶要求，因此就有了车身周围360°全景影像的需求，全景倒车影像系统由此诞生。

全景倒车影像系统可更加直观和安全可靠地辅助倒车，给广大车友带来极大的方便，因此必然成为泊车系统的新趋势。全景倒车影像系统在汽车周围安装能覆盖车辆周边所有视场范围的4个广角摄像头，对同一时刻采集到的多路视频影像处理成一幅车辆周边360°的车身俯视图，最后在中控台的屏幕上显示（有别于分割图像），可彻底消灭车辆周围的视觉盲点，它能让驾驶员实时在车内监控车外前、后、左、右视频画面的情况，避免意外事件发生。同时配备的前后超声波倒车雷达，更是驾驶员的第三只眼睛，让驾驶员清楚查看车辆周边是否存在障碍物并准确了解障碍物的相对方位与距离，避免了倒车时因驾驶员看不到车后和左右两边的情况而发生刮碰与车祸，并可以通过画面的指示调整揉库、倒库的角度，帮助驾驶员安全轻松停泊车辆。比同样是刚兴起的自动泊车系统来说更加实用，是目前市场上最好的泊车利器。

练习与检测

一、判断题

（1）汽车导航必须连接网络。　　　　　　　　　　　　　　　　（　）
（2）汽车音响音源包括收音机和 CD 机。　　　　　　　　　　　（　）
（3）汽车倒车影像只有在启动后才起作用。　　　　　　　　　　（　）
（4）汽车导航装置是根据卫星进行定位的。　　　　　　　　　　（　）
（5）汽车导航和收音机会产生干扰。　　　　　　　　　　　　　（　）

二、单选题

（1）以下哪项是倒车影像的组成部件？（　　）
　A．显示屏　　　　　　　　　B．感应器
　C．摄像头　　　　　　　　　D．以上都是
（2）汽车音源有（　　）。
　A．收音机　　　　　　　　　B．CD 机
　C．U 盘　　　　　　　　　　D．以上都是
（3）汽车导航中必须手动设置的是（　　）。
　A．目的地　　　　　　　　　B．始发地
　C．加油站　　　　　　　　　D．导航偏好
（4）导航中行驶距离一般由（　　）测得。
　A．车速传感器　　　　　　　B．陀螺仪
　C．GPS　　　　　　　　　　 D．以上都是
（5）汽车收音机不能同时使用的设备是（　　）。
　A．导航　　　　　　　　　　B．蓝牙
　C．倒车影像　　　　　　　　D．以上都是

项目二 汽车发动机维护

项目导学

发动机通过燃烧把燃油的能量转换为绕曲轴旋转的转矩来工作,发动机工作条件复杂而恶劣,如高温燃烧,低温启动,无负荷怠速,全负荷上陡坡,润滑油、冷却液易变质,传动带易松动,燃油管路出现杂质等。为了尽可能避免使用中发生故障,汽车制造商根据试验和经验规定了发动机定期保养的项目、内容及工艺。俗话说得好七分养、三分修,只要认真做好保养,使用中基本上不会出现故障。

本项目的主要任务如图2-1所示:

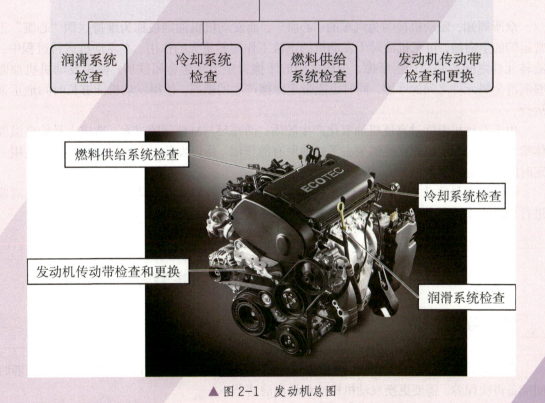

▲ 图2-1 发动机总图

模块一　润滑系统检查

学习目标

1. 掌握机油和机油滤清器的功用。
2. 熟悉机油的类型、等级。
3. 能更换机油、机油滤清器。
4. 能对机油系统的渗漏进行检查。
5. 具有严谨更换机油及机油滤清器的质量意识和安全意识。
6. 具有良好的技术交流、团队合作和环境保护意识。

学习导入

众所周知，发动机被喻为汽车的"心脏"，而发动机机油则被称为维持这颗"心脏"正常运转的生命液，可见机油对于发动机的正常工作起着重大的作用。在发动机运转过程中，旋转元件之间务必会产生摩擦，金属之间的摩擦肯定会产生金属铁屑。使用发动机机油能够润滑金属元件之间的摩擦，同时也能带走摩擦产生的铁屑，使得发动机能够长时间地正常运行。

由于发动机温度过高使机油氧化产生胶质；活塞环与缸壁间隙过大，造成大量的高温气体窜入油底壳使机油氧化变黑失去了机油原有的作用。所以发动机中的机油及机滤在使用一定时间或一定公里数后务必进行更换。

通过参考科鲁兹 1.6 L LDE 保养手册，使用专用工具和通用工具对发动机机油和滤清器进行更换，并对客户提出车辆使用注意事项和建议。

任务　更换机油及机油滤清器

任务描述

有一辆科鲁兹 1.6 L 轿车（发动机型号 LDE），里程数有 15 000 km，客户称到了保养时间准备再次保养，需要更换发动机机油和机油滤清器。

任务准备

【知识准备】

一、机油的作用

1. 润滑

活塞和气缸之间，主轴和轴瓦之间存在快速的相对运动，要防止零件过快磨损，需要在两个滑动表面间建立油膜。有足够厚度的油膜将相对滑动的零件表面隔开，从而达到减轻磨损的目的。

2. 冷却降温

润滑油将发动机部分热量带回油底壳，再散发到空气中，帮助冷却系统冷却发动机。

3. 清洗清洁

润滑油能够将发动机零件上的碳化物、油泥、磨损金色颗粒通过循环带回油底壳，通过润滑油的流动，冲洗零件表面上的脏污。

4. 密封防漏

润滑油在活塞环与气缸壁之间形成一个密封面，减少压缩气体和燃烧的气体泄漏到油底壳，充分发挥发动机功率。

5. 防锈防蚀

润滑油吸附在零件表面，防止水、空气、酸性物质及有害气体与零件接触。

二、定期更换机油的目的

机油在使用过程中受高温、高压作用并与燃烧中的混合气接触会产生变质。因为机油对发动机内部零件有清洁作用，经过一定时间后它自身会变质、变黑、变脏，导致发动机磨损加快，严重的话就会损害发动机。

对于已经变质的机油，只能更换，不能添加。因为现在判断机油是否变质，没有简单实用的方法，所以只能定期更换。

三、机油评价指标

目前通用的标准是按SAE（美国汽车工程学会）标准划分机油黏度等级，如图2-2所示，按API（美国石油学会）标准划分机油品质，如图2-3所示。

▲ 图2-2 机油黏度等级（SAE标准）

▲ 图2-3 机油品质等级（API标准）

四、机油选用原则

（1）选择机油的质量等级。选择的质量等级可以比汽车使用说明书最低要求的要高，而不能低。

（2）选择合适的黏度等级。根据车辆实际使用的环境温度范围，选择合适的黏度等级。在选择黏度等级时，要考虑车辆使用可能经历的最高和最低环境温度，使机油的使用环境温度范围能够满足冬季最低气温和夏季最高气温。

五、机油滤清器

机油滤清器结构如图2-4所示。机油滤清器入口处的单向阀是作为截止阀使用，当发动机熄火时防止机油从滤清器流出。旁通阀在滤芯被堵塞后，滤芯的内侧和外侧压差变大，当压力差大于设定值时，旁通阀被打开，机油不通过滤芯，直接流到各机件。滤清器的作用是滤除机油中的金属颗粒和油污，将洁净的机油供给曲轴、连杆、凸轮轴、增压器、活塞环等，起到润滑、冷却、清洗作用，从而延长这些零部件的寿命。

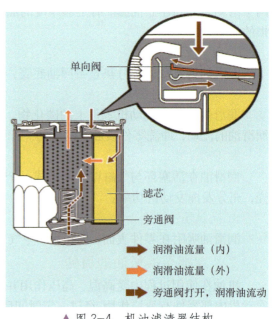

▲ 图2-4 机油滤清器结构

六、定期更换机油滤清器的目的

机油滤芯在使用过程中滤芯表面的小孔被堵塞，旁通阀打开，脏的机油直接送入发动机润滑点，导致润滑性能变差。由于无法目视来判断滤清器的使用状况，所以采用定期更换的方式。更换机油的同时必须更换机油滤芯。

七、机油及滤清器更换的时间

科鲁兹1.6 L轿车（发动机型号LDE）机油及机油滤清更换周期见保养手册，一般每5 000 km或6个月进行更换。

【器材准备】

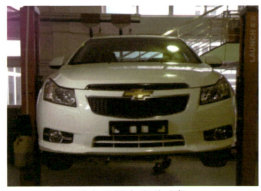

科鲁兹轿车和举升机

常用工具一套

扭力扳手

机油回收桶

机油滤芯

机油

放油螺栓

任务实施

说明：当气温低于20℃时，排放机油工作应在熄火不久后进行，以便充分排放。同时做好准备工作，安装车外三件套。

一、拧松机油加注盖（如图2-5所示）

操作提示如下：

松开加注盖后，用干净抹布盖上机油加注口盖以防止灰尘进入。

▲图2-5 拧松机油加注盖

▲图2-6 举升车辆

二、举升车辆至合适位置（如图2-6所示）

操作提示如下：

（1）使用举升机时，注意支撑柱所顶车辆合适的位置。

（2）用举升机将车子举起到合适位置后，应进行锁止。

三、放置机油收集器

放置机油收集器至发动机油底壳正下方，以便放油（如图2-7所示）。

▲图2-7　放置机油收集器

▲图2-8　检查润滑系统泄漏

四、检查润滑系统有无泄漏（如图2-8所示）

第一步，检查发动机放油螺栓处是否漏油。

第二步，检查发动机各配合表面是否漏油。用双手去触摸配合面，检查是否有漏油现象。

第三步，检查发动机油封处是否漏油。用双手去触摸发动机的油封处，检查是否有漏油现象。

操作提示如下：

如果发现漏油现象，可以先用纱布把漏油表面擦干净，然后过一段时间再来检查确认是否漏油。

五、拆下放油螺塞和密封垫圈（如图2-9所示）

第一步，用TX45套筒逆时针旋转松放油螺栓。

第二步，取下放油螺栓后，用抹布将其擦干净，将放油螺栓放在工具车上面。

操作提示如下：

（1）在拧松放油螺栓的时候必须一次性均匀地用力拧松，不能用冲击力。

（2）在旋放油螺栓过程中，注意当旋到螺塞快要出来的时候，要控制好放油螺栓，用力顶住它。当完成松放作业的时候要迅速将放油螺栓从油底壳中拿出来。

▲图2-9　拆卸放油螺塞

（3）在操作过程中要做到手不能沾到机油。如果有机油沾到手，则必须马上用布擦干净。

六、放完油后安装新密封垫圈的放油螺塞，根据维修手册的规定力矩拧紧（如图2-10所示）。

第一步，将放油螺栓用手顺时针拧紧。

第二步，调整扭力扳手扭矩至 14 N·m，顺时针拧紧放油螺栓直至听到"嗒"一声。
第三步，拧紧放油螺栓后，用抹布把放油螺栓处擦拭干净，并移走机油回收筒。

▲ 图 2-10　拧紧放油螺塞

▲ 图 2-11　拆卸机油滤清器盖

七、将车辆降低至地面，拆下机油滤清器盖（如图 2-11 所示）

第一步，拆下机油滤清器盖前，机油滤清器正下方地面上放置接油盆，防止机油洒落地面。
第二步，用 24 号六角套筒逆时针旋转松开机油滤清器盖。
第三步，机油滤清器拧松后，用手拧出机油滤清器盖，放置于地面接油盆中。

八、更换机油滤芯（如图 2-12 所示）

第一步，更换滤芯和密封圈，密封圈上涂上新机油。
第二步，用手顺时针拧紧机油滤清器盖。
第三步，用 24 号套筒、长接杆，扭力扳手，扭力调至 25 N·m，顺时针拧紧机油滤清器盖，直至听到"嗒"一声，如图 2-13 所示。

▲ 图 2-12　更换滤芯

▲ 图 2-13　紧固滤清器盖

第四步，安装完毕后，清洁机油滤清器。

九、加注机油，并安装机油加注口盖（如图 2-14 所示）

操作提示如下：
机油加注量见表 2-1。

▲ 图 2-14　加注机油

表 2-1　发动机机油加注量

应用	规格	
	公制	英制
发动机机油（包括滤清器）		
1.6 升（LDE）发动机	4.5 升	4.75 夸脱
1.6 升（LLU）发动机	4.5 升	4.75 夸脱
1.8 升（2HO）发动机	4.5 升	4.75 夸脱

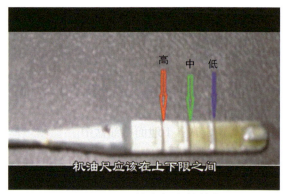

▲ 图 2-15　检查机油尺刻度

十、检查机油尺刻度，启动发动机进行暖机（如图 2-15 所示）

第一步，拔出机油尺，擦拭机油标尺，把机油尺插回，然后再次拔出机油尺观察机油刻度，如位于机油标尺刻度线范围的上下限位置中间则为合适。

第二步，启动发动机，暖机 3 分钟。

第三步，发动机熄火。

操作提示如下：

启动发动机时，注意安装尾气收集仪。

十一、举升车辆至较高位置，检查放油螺塞、机油滤清器处有无泄露（如图 2-16 所示）

观察放油螺栓和机油滤清器处，是否有漏油现象。

操作提示如下：

如果发现漏油现象，可以先用纱布把漏油表面擦干净，然后过一段时间再来检查确认是否漏油。

十二、再次检查

降下车辆，再次检查机油尺刻度是否合适。

▲ 图 2-16　检查机油泄漏

拓展学习

发动机使用的机油有不同的种类，目前汽车发动机所使用的机油（也称为润滑油）主要分为矿物质油（如图 2-17 所示）和合成机油，合成机油又分为全合成机油（如图 2-18 所示）和半合成机油（如图 2-19 所示）。

矿物机油油基是从原油提炼而得，通常矿物机油成本低，价格便宜。但矿物机油油基较容易氧化，虽然矿物机油都添加各种进口添加剂，但使用寿命仍为 6 个月左右。

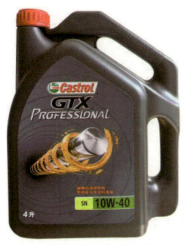

▲ 图 2-17　普通矿物油

▲ 图 2-18　全合成机油

半合成机油是将矿物机油油基裂解后，再加以合成，可以得到性质较一致的化学成分，颜色与矿物机油油基相似，为澄清微带浅琥珀色，提炼成本高所以价格较贵，但抗氧化性良好，是相当好的长效型机油，使用寿命约 12 个月。

机油组成部分最多的是基础油，基础油按照规格等级可划分为五类。一二三类基础油称之为矿物油，只有四类五类油可以称为合成油。全合成机油是基础油的合成部分为聚 α 烯烃（PAO）或者复杂的脂醚类的机油。用四类和五类基础油调配的机油不外加矿物油勾兑的都可以称之为全合成机油。全合成机油能在基础油失效的条件下仍能保持优越的润滑作用。合成机油具有很好的高温性能，更长的换油周期，能适合更恶劣的车况。但磨损大的发动机不推荐使用，不同品牌的合成机油不能混用，合成机油价格也高于矿物机油。

▲ 图 2-19　半合成机油

练习与检测

一、判断题

（1）汽车保养更换机油可以多种不同品牌混合更换。　　　　　　　　　　（　　）
（2）保养更换机油时，必须更换机油滤清器。　　　　　　　　　　　　　（　　）
（3）牌号为 5W-40 的多级机油，其中"40"代表机油等级。　　　　　　　（　　）
（4）当机油滤清器堵塞时，机油就不能流入机件的润滑表面。　　　　　　（　　）
（5）按照质量等级选择机油时应该比汽车使用说明书最低的要求要高，而不能低。　　　　　　　　　　　　　　　　　　　　　　　　　　　　　（　　）

二、单选题

（1）以下是关于润滑系的一些说法，正确的是（　　）。

A. 机油润滑器可以仔细清洗后再使用

B. 安装新的机油滤清器时，应先对其加满机油

C. 安装新的机油滤清器时，应在密封垫表面涂上清洁的机油

D. 对于旧发动机，因机油消耗快，所以机油加注时要略多一点

（2）关于发动机机油，下面陈述中正确的是（　　）。

A. 只添加机油而不更换机油，性能不会变化

B. 机油变黑时，应当更换机油

C. 一般情况下，使用中机油液面不会降低，所以如有降低说明有漏油

D. 机油按性能品质和粘度分成不同等级，需根据等级来使用

（3）关于发动机机油，下面说法中正确的是（　　）。

A. 发动机黏度越低越好

B. 发动机机油的功能有润滑、清洁、冷却、密封和防锈等

C. SAE（美国汽车工程师协会）的发动机机油分类标准代表机油的不同品质和规格

D. 矿物机油性能好于合成机油

模块二　冷却系统检查

学习目标

1. 掌握冷却液的功用。
2. 熟悉冷却液更换周期和更换方法。
3. 知道冷却系统冷却液泄漏部位。
4. 能检查冷却液液位及冰点。
5. 了解冷却系统的常见故障。

学习导入

如果一台发动机，冷却系统的维修率一直居高不下，往往会引起发动机其他构件损坏，特别是随着车辆行驶里程的增加，冷却系统的工作效率逐渐下降，对发动机的整体工作能力产生较大影响，冷却系统的重要性在于维护发动机正常温度下工作，犹如人体的皮肤汗腺，如果有一天，人体的汗腺不能正常工作，那么身体内的热量将无法散去，轻则产生中暑，重则休克。

通过参考科鲁兹维修工艺手册，使用工具对发动机冷却液液位、冰点和系统泄漏部位进行检查，并对客户提出车辆使用注意事项和建议。

任务一　检查和更换冷却液

任务描述

有一辆科鲁兹1.6 L轿车（发动机型号LDE），里程数有40 000 km，需要检查及更换发动机冷却液。

任务准备

【知识准备】

一、冷却液的作用

冷却液是指清洁的软水，并不是什么水都可以当作冷却液的。比如，清澈的泉水，虽然清澈，看起来也纯净，但泉水中含有大量的矿物质，如果加入发动机的冷却系统中，就会产生大量的水垢，影响冷却系统正常作用的发挥，可见，冷却液水质的好坏是相当重要的，国际上普遍使用的乙二醇型冷却液是在软化水中按比例添加防冻剂乙二醇，配以适量的金属缓蚀剂、阻垢剂等添加剂进行科学调和，达到冬季防冻、夏季防沸、且具有防腐蚀、防水垢等作用。

（1）防冻。用乙二醇配制的冷却液最低可在 −70℃环境下使用。市场上销售的冷却液，乙二醇浓度一般保持在 33% ~ 50% 之间，也就是冰点在 −20 ~ −45℃之间，往往根据不同地域的实际需要合理选择，以满足使用要求。

（2）防沸。加到水中的乙二醇会改变冷却液的沸点。乙二醇浓度越高，冷却液的沸点也就越高，−20℃时冷却液的沸点为 104.5℃，而 −50℃时沸点达到 108.5℃。如果冷却系统采用压力盖，冷却液的实际沸点会更高，即使在炎热的夏天，也能有效防止冷却液"开锅"。

（3）防腐。冷却液最主要的功能是防腐蚀。腐蚀是一种化学、电化学和浸蚀作用，逐步破坏冷却系统机件的金属表面，严重时可使冷却系统的壁穿孔，引起冷却液漏失，导致发动机损坏。

（4）防锈。锈蚀是由于冷却系统内的氧化作用造成的。热量和湿气使锈蚀的过程加速。锈蚀留下的残余物会阻塞冷却系统，加速磨损和降低热传导的效率。冷却液中的添加剂有助于防止冷却系统通道内锈蚀的出现。

（5）防垢。水源中所含的各种杂质，其中包括金属离子、无机盐等，决定了结垢和沉淀现象的形成，会大大地降低冷却系统的导热效率，在许多情况下会对发动机造成严重损害。冷却液所使用的去离子水，可以避免结垢和沉淀的形成，从而保护发动机。

二、更换冷却液的原因

在冷却液中含有添加剂和抗泡沫添加剂，这些添加剂会在使用过程中逐渐地丧失应有的功能，以至于无法对冷却系统内部进行很好的保护，也就是说，在冷却系统不发生泄漏的前提下，冷却液对于温度的控制基本不会变，但由于添加剂失效，特别是抗泡沫添加剂，在水泵叶轮的搅动下，会使冷却液产生气泡，这气泡会大大削弱冷却液的效果。所以，冷却液最好能定期更换。

三、冷却液更换周期

不同的车厂对原厂冷却液的建议更换周期会有所差异，但其中绝大部分厂商建议车主每两年更换一次车辆冷却液，也有部分厂商设定其原厂防冻液更换周期为 4 年或 5 年。科鲁兹保养手册中，科鲁兹冷却液的使用期限为 5 年或 24 万 km。

四、冷却液种类

目前市场上主要有两种冷却液：含水冷却液及无水冷却液（或称非水冷却液）。

1. 含水冷却液

1）酒精—水型冷却液

基本组成：酒精（甲醇、乙醇）、水、防腐剂、防霉剂等。

优点：流动性好，冰点低（−114℃），可在 −70℃以下的低温环境中使用；价格便宜，配置简单。

缺点：酒精沸点低（甲醇 64.5℃、乙醇 78.3℃）在使用中蒸发量大，当防冻液中酒精含量达到 40% 以上时，就容易产生酒精蒸气而着火；酒精—水型冷却液的冰点会随酒精含量不同而变化，当酒精蒸发后，防冻液成分改变，冰点升高。

2）甘油—水型冷却液

基本组成：甘油（丙三醇）、水、防腐剂、消泡剂等。

优点：甘油沸点高（290℃）蒸发损失小，不易发生火灾。化学稳定性好，使用寿命长；对金属腐蚀性小。

缺点：甘油降低冰点效率低，当甘油浓度为76.5%时，冷却液的冰点只能降到-45℃，配制同一冰点冷却液时，比乙二醇、酒精用量大，因此，这种冷却液用得少。

3）乙二醇—水型冷却液

基本组成：乙二醇、水、防腐剂、消泡剂和染料等。

优点：乙二醇沸点高（197.4℃），使用中不易蒸发损失，使用中不易产生蒸气被人吸入体内而引起中毒；能与水以任意比例混合，混合后由于改变了冷却水的蒸气压，冰点显著降低，其降低的程度在一定范围内随乙二醇含量的增加而降低，当乙二醇的含量为68%时，冰点可降低到-68℃；另外，乙二醇闪点高（118℃），较安全，不易着火。

缺点：乙二醇有毒，在配制、保管和使用过程中应防止吸入体内；乙二醇防冻液在使用中易生成酸性物质，对金属有腐蚀性。因此，应加入适量的磷酸氢二钠等以防腐蚀。

2. 无水冷却液

无水冷却液或者是非水冷却液共同的特点都是采用丙二醇为冷却液的主体，丙二醇这一成分对人及环境无污染及毒害，所以公认为是未来主流的冷却液。

【器材准备】

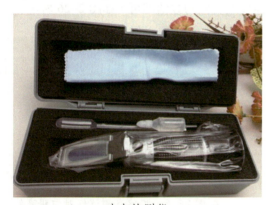

冰点检测仪

蒸馏水

任务实施

一、科鲁兹 1.6 L轿车 LDE发动机冷却液检查

（1）掀开盖板用柔软的绒布将盖板及棱镜表面擦拭干净（如图2-20所示）。

（2）将蒸馏水用吸管滴于棱镜表面，合上盖板轻轻按压，将冰点测试仪对向明亮处（如图2-21、图2-22所示）。

▲图2-20 擦拭盖板及棱镜表面

▲ 图 2-21　将蒸馏水用吸管滴于棱镜表面

▲ 图 2-22　将冰点测试仪对向明亮处

▲ 图 2-23　冰点测试仪校零

（3）旋转目镜使视野内刻线清晰，读出明暗分界线在分划板中间标尺上的数值为零即可，如不在零位则可用螺丝刀调整校正钉来校零（如图 2-23 所示）。

（4）用抹布盖住冷却液缓冲罐盖，慢慢拧松，待卸掉冷却系统内的压力后，再取下冷却液缓冲罐盖。

（5）将冷却液用吸管滴于棱镜表面，合上盖板轻轻按压，将冰点测试仪对向明亮处（如图 2-24、图 2-25 所示）。

（6）旋转目镜使视野内刻线清晰，读出明暗分界线在分划板中间标尺上右侧的数值即可（如图 2-26 所示）。

▲ 图 2-24　将冷却液用吸管滴于棱镜表面

▲ 图 2-25　将冰点测试仪对向明亮处

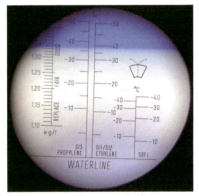

▲ 图 2-26　读数

（7）掀开盖板用柔软的绒布将盖板及棱镜表面擦拭干净（如图 2-27 所示）。

▲ 图 2-27　清洁盖板及棱镜表面

（8）将蒸馏水用吸管滴于棱镜表面，用柔软的绒布将盖板及棱镜表面擦拭干净。

二、科鲁兹 1.6 L轿车 LDE发动机冷却液更换

（1）打开发动机舱盖，拧开冷却液缓冲罐盖（如图 2-28 所示）。

▲图 2-28　拧开冷却液缓冲罐盖

警告：在有压力的冷却系统中，散热器内的冷却液温度比大气压力下冷却液的沸点高很多。当冷却系统未冷却且处在高压时，拆下缓冲罐盖或散热器盖将会导致溶液瞬间沸腾，并产生巨大的能量。这将导致溶液喷射到发动机、翼子板和拆下盖子的人员身上，可能引起严重的人身伤害。

（2）打开散热器上的排放螺钉以排放冷却液（如图 2-29 所示）。

▲图 2-29　排放冷却液

▲图 2-30　安装排放螺钉

（3）排放冷却液后，拧上散热器上的排放螺钉（如图 2-30 所示）。

注意：当冷却液流出到松开的通风螺钉上时，应及时拧上通风螺钉。

（4）拆下散热器上的通风螺钉，并再次旋进螺纹（如图 2-31 所示）。

▲图 2-31　拆下散热器上的通风螺钉，并再次旋进螺纹

（5）加满冷却液直到缓冲罐①上排气喷嘴的底线。当冷却液停止下降时，加注冷却液直到管口下方的底线（黑色箭头指示处）（如图 2-32 所示）。

（6）起动发动机。

注意：在发动机起动后，立即加满冷却液至管口下方的底线（黑色箭头指示处）并拧

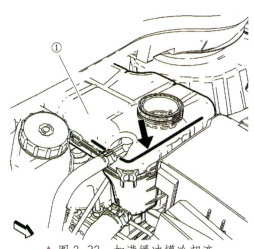

▲图 2-32　加满缓冲罐冷却液

紧盖。

需要特别注意，拆下加热器芯（位于乘客室）后，必须完成以下附加工作：

立即踩下加速踏板3次——从而使发动机的速度不超过2 500 r/min。

（7）预热发动机。在怠速转速高达2 500 r/min下，预热发动机，直到散热器风扇设置开关接通。

注意：拆下加热器芯（位于乘客室）后，让发动机以2 000～2 500 r/min的转速多运转2分钟。这将确保冷却系统完全通风。

（8）加热冷却系统，踩下加速踏板3次——从而使发动机的速度不超过2 500 r/min。

（9）关闭发动机，并使发动机冷却。

（10）必要时，检查冷却液液位并校正冷却液至焊接区域①（如图2-33所示）。

（11）测试行驶后，使发动机冷却并再次检查冷却液液位。如果有需要，可调整冷却液液位至焊接区域①。

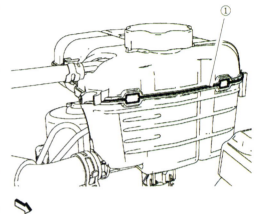

▲ 图2-33　检查冷却液液位并校正

拓展学习

无水冷却液介绍

无水冷却液也叫无水冷却油、汽车冷却油，是一种新型的汽车消费产品。它的出现可谓是汽车史上的"革命"。它彻底消除了传统冷却液给发动机带来的易产生腐蚀、水垢、气蚀、开锅等冷却系统"老大难"问题，使发动机的使用寿命延长。随着科技的高速发展和人们对发动机性能追求的不断提高以及环保意识的增强，相信无水冷却液将会取代含水冷却液，拥有更为广阔的发展前景。

无水冷却液主要功效有：①抗腐蚀，防止发动机内部锈蚀，使水箱及冷却系统长久如新；②冷却系统在无压或极低压力状态下工作，可随时打开水箱盖；③增加动力，消除水蒸气隔温层，解决发动机局部过热的问题，使发动机功率得到释放；④加速快，加速距离短，加速

▲ 图2-34　含水冷却液15万km行驶后的水箱、水泵使用状况

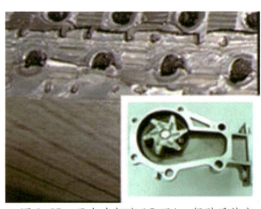

▲ 图2-35　无水冷却液15万km行驶后的水箱、水泵使用状况

更加流畅，加速换挡连接更顺畅；⑤省燃油，提供发动机理想的工作温度环境，使汽油燃烧更完全更充分；⑥高沸点，低凝点；⑦热平衡，超强热传导性，黏度随温度而变化，平衡发动机内部温度；⑧降排放，发动机工作状态改善，排放降低，并降低发动机噪声；⑨少维修，发动机冷却系统内部的腐蚀减轻，降低维修频率，也延长了发动机使用寿命；⑩降温慢，延缓发动机的散热不均匀。

无水冷却液与含水冷却液功效对比如下：图 2-34 所示为含水冷却液 15 万 km 行驶后的水箱、水泵使用状况，图 2-35 所示为无水冷却液 15 万 km 行驶后的水箱、水泵使用状况。

任务二　冷却系统检测

任务描述

有一辆科鲁兹 1.6 L 轿车（发动机型号 LDE），里程数有 45 000 km，冷却液出现明显减少，需要对冷却系统进行检测。

任务准备

【知识准备】

一、冷却系统的检测

1. 外观检查

外观检查主要是通过查看散热器、水泵、水管、水套及放水开关等部位是否泄漏，冷却水量是否足够，风扇和散热器的距离是否正确，皮带两侧是否磨损。外观检查应该在静止的发动机上进行。因为冷却系统的外部渗漏在冷态时不易被发现，而在发动机热态时这种泄漏才会因蒸发而容易被发现。

2. 压力试验

对于冷却系统的密封性和膨胀箱盖的功能，可用专用工具检测。

3. 水泵检测

水泵工作状态不正常或水泵叶轮打滑，会使水泵的泵水量不能与发动机转速成正比。打开散热器加水盖，发动机缓慢加速，观察加水口内冷却水的循环，若不断加快，则水泵工作正常，叶轮也不打滑；反之，说明水泵有问题。

4. 节温器性能检测

将节温器从发动机上拆下，清洗后放在水中加热，用量程为 100℃ 的温度计测量，按节温器主阀门开启或侧阀门关闭的温度规定，检查其性能是否良好，工作是否可靠。当温度再提高 10℃ 左右，节温器阀门应全开其工作升程应不小于 9 mm。

5. 散热器水管堵塞的检查

散热器水管因杂质、油污、积垢多而堵塞时，就会因冷却液循环受堵而使水温过高。检查的方法是打开散热器加水口盖，使上水室的水位低于加水口 10 mm 左右，然后起动发动机，先以怠速运转，注意观察水流和水位，随后使发动机转速提高到 1 200 r/min 左右，仔细观察转速提高时的水位变化。若比怠速时水位升高，甚至冷却水溢出加水口，则说明管道堵塞，若比怠速时水位略低，而且随着发动机转速的稳定，水位相对保持不变，则表示散热器畅通，水管无堵塞。

【器材准备】

冷却系统压力测试仪　　　　　适配器（1）　　　　　适配器（2）

任务实施

一、冷却液膨胀箱封闭盖测试

（1）拆下封闭盖（如图 2-36 所示）。

▲图 2-36　拆卸封闭盖

▲图 2-37　测试仪与封闭盖装配

（2）用水冲洗封闭盖接合面。

（3）使用带适配器的冷却系统压力测试仪以便对封闭盖进行测试（如图 2-37 所示）。

（4）测试封闭盖是否存在以下情况（如图 2-38 所示）：

① 当冷却系统压力测试仪超过压力盖的额定压力时，压力释放。

② 保持额定压力至少 10 秒钟。

③ 记录压力损失率。

▲图 2-38　封闭盖保压测试

（5）出现以下情况，应更换压力盖：
① 超过压力盖的额定压力时，压力盖没有释放压力。
② 压力盖不能保持额定压力。

警告：为避免烫伤，在发动机和散热器未冷却前，不得拆下散热器盖。如果盖拆下得太早，可能会喷出滚烫的高压液体和蒸气。

2. 冷却系统泄漏测试

（1）拆下冷却液膨胀箱封闭盖。
（2）检查冷却液液位。必要时，加满冷却液至"COLD（冷态）"标记处。
（3）将带适配器的冷却液系统测试仪连接至冷却液膨胀箱（如图2-39所示）。

▲ 图2-39 测试仪连接至冷却液膨胀箱

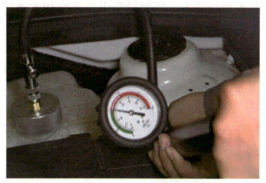

▲ 图2-40 向冷却系统施加压力

（4）向冷却系统施加约100 kPa（15磅/平方英寸）的压力（如图2-40所示）。
（5）检查冷却系统是否泄漏。
（6）拆下冷却系统测试仪。切记要先卸去压力，再拆下带有适配器的冷却系统测试仪（如图2-41所示）。
（7）安装冷却液膨胀箱封闭盖。

▲ 图2-41 拆卸测试仪

拓展学习

汽车冷却系统故障判断

水温表显示温度过高，俗称"开锅"。"开锅"会导致汽缸盖、汽缸体变形甚至损坏。

冷却系统的作用是保持发动机在最有利的温度范围内工作，以提高发动机的功率，减小发动机磨损和燃料消耗。实践证明，温度过高或过低都会给发动机的工作带来不利的影响。根据水温表的指示情况，常常可以准确地判断冷却系统的故障。

如果汽车在运行过程中，发动机冷却液温度突然过高，水温表指示很快达到100℃的位置；或在冷车发动时，发动机水温迅速升高至沸腾，在补足冷却水后转为正常，但发动机功率明显下降。导致这类故障的原因大多是：冷却系统严重漏水；汽缸垫冲坏，水套与汽缸穿通；节温器主阀门脱落；风扇皮带松脱或断裂；水泵轴与叶轮松脱；风扇离合器工作不良。

诊断与排除发动机温度过高的方法如下：

（1）运行中发动机突然过热，应首先注意电流表动态。若加大油门时电流表不指示充电，指针只是由放电 3 ~ 5 A 间歇摆回"0"位，说明风扇皮带断裂。如电流表指示充电，则应使发动机熄火，用手触摸散热器和发动机，若发动机温度过高而散热器温度低，说明水泵轴与叶轮松脱，使冷却水循环中断；若发动机与散热器温度差别不大，则应查找冷却系统有无严重漏水处。

（2）冷却水在启动后不久温度即升高至沸腾，则多为节温器主阀门脱落并横置在散热器进水管内，阻碍了冷却水的大循环。因为这种故障能使冷却系内压力迅速升高，当内压达到一定程度时会突然冲开阻滞的主阀门，使其改变方位，迅猛地导通大循环水路，此时沸腾的水便冲开盖。行驶过程中发现冷却水沸腾，应立即停车，使发动机低速运转至水温正常后再熄火检查，而绝对不许掺水降温，以防温差变化太大造成有关零件内应力增大而产生裂纹。

（3）汽缸垫烧坏，有时也能使水箱口向外溢水和排出气泡，呈现出冷却水沸腾的状态。这主要是因为汽缸垫烧坏或缸盖、缸套出现裂纹，使高压气体窜入水套而冒出水泡。若汽缸垫或缸盖的裂纹与润滑油路相通，水箱中还会出现油迹。

练习与检测

一、判断题

（1）汽车冷却液更换周期为每两年更换一次。（　　）
（2）用乙二醇配制的冷却液最低可在 -70℃ 环境下使用。（　　）
（3）在冷却系统不发生泄漏的前提下，更换冷却液的原因是因为冷却液中添加剂失效。（　　）
（4）目前市场上已经有两种冷却液：含水冷却液及无水冷却液（或称非水冷却液）。（　　）
（5）对于冷却系统的密封性和膨胀箱盖的功能，可用专用工具检测。（　　）
（6）散热器水管因杂质、油污、积垢多而堵塞时，会使水温过低。（　　）
（7）为避免烫伤，在发动机和散热器未冷却前，不得拆下散热器盖。（　　）

二、单选题

（1）以下不属于冷却液作用的是（　　）。
 A. 防冻　　　　　　　　　　B. 防沸
 C. 防腐　　　　　　　　　　D. 润滑
（2）以下不属于含水冷却液类型的是（　　）。
 A. 酒精—水型冷却液　　　　B. 丙二醇—水型冷却液
 C. 乙二醇—水型冷却液　　　D. 甘油—水型冷却液
（3）冷却系统检测时，将冷却液系统测试仪连接至冷却液膨胀箱，施加的压力是（　　）。
 A. 80 kPa　　　　　　　　　B. 100 kPa
 C. 120 kPa　　　　　　　　D. 60 kPa
（4）以下哪个设备不是冷却系统泄漏测试设备？（　　）
 A. 冰点测试仪　　　　　　　B. 冷却液膨胀箱封闭盖适配器
 C. 冷却液膨胀箱适配器　　　D. 压力测试仪

模块三　燃料供给系统检查

学习目标

1. 掌握空气滤清器和燃油滤清器的功用。
2. 熟悉空气滤清器和燃油滤清器的类型和更换周期。
3. 能更换空气滤清器和燃油滤清器。
4. 具有严谨更换空气及燃油滤清器的质量意识和安全意识。
5. 具有良好的技术交流、团队合作和环境保护意识。

学习导入

汽油发动机的燃料是汽油和空气的混合物,汽油和空气的洁净度关系到可燃混合气的燃烧质量,从而影响发动机的油耗和动力输出以及发动机使用寿命。因此,各大汽车公司都规定了空气滤清器和燃油滤清器的使用寿命周期,保障发动机正常工作和延长发动机使用寿命。

通过参考科鲁兹 1.6 L LDE 保养手册,使用工具对发动机空气和燃油滤清器进行更换,并对客户提出车辆使用注意事项和建议。

任务一　检查和更换发动机空气滤清器

任务描述

有一辆科鲁兹 1.6 L 轿车(发动机型号 LDE),里程数有 40 000 km,需要检查及更换发动机空气滤清器。

任务准备

【知识准备】

一、空气滤清器的作用

汽车空气滤清器是用于清除空气中的微粒杂质的装置。空气滤清器中的滤芯可以过滤掉空气中 98%~99% 的污物。

二、定期更换空气滤清器的目的

汽车发动机是精密的机件,极小的杂质都会损伤发动机。空气滤清器位于进气道的入口处,汽车在行驶过程中,空气中的尘埃、水分和油污被空气滤清器滤芯过滤,当纸质的滤芯吸附了过多的污物后就会发生堵塞,进气量就会下降,导致发动机功率下降,油耗上升。因此,必须保持空气滤清器的清洁,定时更换空气滤清器。

三、空气滤清器分类

目前发动机上使用的空气滤清器分为惯性式、过滤式、综合式三种,其中根据滤芯材料是否浸油又可分为干式和湿式两类。干式滤芯材料为滤纸或无纺布,为了增加空气通过面积,滤芯大都加工出许多细小的褶皱。当滤芯轻度污损时,可以使用压缩空气吹净,当滤芯污损严重时应当及时更换新滤芯,如图2-42所示。湿式滤芯使用海绵状的聚氨酯类材料制造,装用时应滴加一些机油,用手揉匀,以便吸附空气中的异物。如果滤芯污损之后,可以用清洗油进行清洗,过分污损也应该更换新滤芯,如图2-43所示。

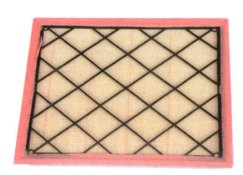
▲ 图2-42 干式滤芯

▲ 图2-43 湿式滤芯

四、干过滤式空气滤清器装置保养

现代轿车发动机都使用纸质过滤式空气滤清器,其由滤芯和密封垫圈等组成。更换滤清器滤芯的周期一般为12个月或20 000 km,行驶条件恶劣时可缩短更换间隔。保养时要注意:

(1)定期检查,正确清洁。清除纸质滤芯上的灰尘时,使用软毛刷沿着折缝方向刷去滤芯表面灰尘,并轻轻敲击端面使灰尘脱落。如果使用压缩空气清洁时,从滤芯内向外吹气,使黏附在滤芯外表面的灰尘脱落。

(2)不能用水或柴油、汽油清洗纸质滤芯,否则会使滤芯孔隙堵塞,增加空气阻力。

(3)发现滤芯破损或上下端面不平,或橡胶密封圈老化变形、破损都应更换新件。

【器材准备】

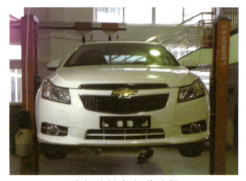
科鲁兹轿车和举升机

常用工具一套

项目二　汽车发动机维护　73

扭力扳手

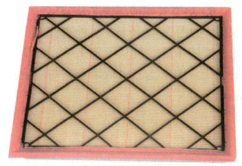
空气滤清器滤芯

任务实施

一、科鲁兹 1.6 L 轿车 LDE 发动机空气滤清器滤芯拆卸和检查

（1）打开发动机舱盖，确认空气滤清器的位置。
（2）断开进气管上进气温度传感器线束连接器（如图 2-44 所示）。

▲ 图 2-44　断开进气温度传感器线束连接器

▲ 图 2-45　拆下空气滤清器出气管

（3）拆下空气滤清器出气管（如图 2-45 所示）。
操作提示如下：
① 拆卸空气滤清器进行维修时，务必要将节气门体开口盖好。这样才能防止异物进入发动机。
② 空气滤清器出气管至空气滤清器壳体盖卡箍紧固力矩为 3.5 N·m。
（4）拆下 6 个空气滤清器壳体盖螺栓（如图 2-46 所示）。
（5）拆下空气滤清器壳体盖（如图 2-47 所示）。

▲ 图 2-46　拆下空气滤清器壳体盖螺栓

▲ 图 2-47　拆下空气滤清器壳体盖

（6）将空气滤清器滤芯从空气滤清器壳体中取出（如图2-48所示）。检查滤芯上是否有尘土，可用压缩空气从下往上吹，以清除滤芯上的尘土。如果滤芯出现堵塞，则应更换新的滤芯。

二、科鲁兹1.6 L轿车LDE发动机空气滤清器滤芯安装

（1）清洁滤清器壳体内部（如图2-49所示）。

▲图2-48　取出空气滤清器滤芯

▲图2-49　清洁滤清器壳体内部

▲图2-50　安装空气滤清器滤芯

（2）将空气滤清器滤芯安装至空气滤清器壳体内（如图2-50所示）。
（3）安装空气滤清器壳体盖（如图2-51所示）。

▲图2-51　安装空气滤清器壳体盖

▲图2-52　安装空气滤清器壳体盖螺栓

（4）安装6个空气滤清器壳体盖螺栓，使用扭力扳手紧固至5 N·m（如图2-52所示）。
（5）安装空气滤清器出气管，卡箍紧固力矩为3.5 N·m（如图2-53、图2-54所示）。

▲图2-53　安装空气滤清器出气管

▲图2-54　紧固卡箍

（6）安装进气温度传感器线束连接器（如图 2-55 所示）。

（7）关闭发动机舱盖。

▲图 2-55　安装进气温度传感器线束连接器

拓展学习

丰田卡罗拉空气滤清器更换

（1）用手打开空气滤清器罩的两个扣子（如图 2-56 所示）。

（2）打开空气滤清器罩，将里面的空气滤清器的滤芯抽出，放到工具车上（如图 2-57 所示）。

▲图 2-56　打开空气滤清器罩扣子

▲图 2-57　抽出空气滤清器的滤芯

▲图 2-58　清洁空气滤清器支座

▲图 2-59　注意滤清器芯的安装方向，有标记的一面朝上

（3）使用清洁布清洁空气滤清器支座（如图 2-58 所示）。

（4）将新的空气滤清器安装到空气滤清器支座里面，注意滤清器芯的安装方向，有标记的一面朝上（如图 2-59 所示）。

（5）将空气滤清器罩的扣子扣上，注意上下罩的咬合（如图 2-60 所示）。

▲图 2-60　扣上空气滤清器罩扣子

任务二 检查和更换发动机燃油滤清器

任务描述

有一辆科鲁兹 1.6 L 轿车（发动机型号 LDE），里程数有 20 000 km，需要更换发动机燃油滤清器。

任务准备

【知识准备】

一、燃油滤清器的作用

燃油滤清器的作用就是把汽油中的氧化铁、粉尘等固体杂质或是水分过滤掉，减少喷油嘴被杂质堵住的概率，也可以保证流入燃油系统的汽油油质。

二、燃油滤清器形式

目前发动机上使用的燃油滤清器有：普通直进直出式滤清器（如图 2-44 所示）、带有回油管路滤清器（如图 2-45 所示）、集成于油泵总成中滤清器（如图 2-46 所示）。科鲁兹 1.6 L 轿车采用带有回油管路滤清器。

▲ 图 2-44　直进直出式燃油滤清器

▲ 图 2-45　带有回油管路式燃油滤清器

▲ 图 2-46　集成于油泵总成中燃油滤清器

三、燃油滤清器更换周期

现代轿车发动机一般燃油滤清器每隔 20 000 km 需要更换一次。科鲁兹 1.6 L 轿车（发动机型号 LDE）燃油滤清器更换间隔为 12 个月或 20 000 km，以先达到者为准。

【器材准备】

科鲁兹轿车和举升机

常用工具一套

燃油滤清器

专用工具 EN-6015

任务实施

一、科鲁兹 1.6 L 轿车发动机燃油滤清器拆卸

（1）打开发动机舱盖。
（2）断开蓄电池负极电缆（如图 2-47 所示）。

▲ 图 2-47　断开蓄电池负极电缆

▲ 图 2-48　从燃油滤清器上拆下回油管

（3）将车辆举升至最大高度。
（4）从燃油滤清器上拆下回油管（如图2-48所示）。
（5）从燃油滤清器上拆下供油管（如图2-49所示）。
（6）用EN-6015螺塞闭合燃油通风口。
（7）转动燃油滤清器直到卡夹从燃油滤清器边缘完全松开。

▲图2-49 从燃油滤清器上拆下供油管

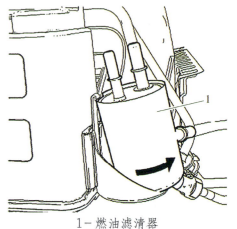

1—燃油滤清器

▲图2-50 倾斜燃油滤清器

（8）沿图示箭头方向倾斜燃油滤清器（如图2-50所示）。
（9）从蒸气活性炭罐拆下燃油滤清器（如图2-51所示）。

二、科鲁兹1.6 L轿车发动机燃油滤清器安装

（1）将燃油滤清器定位到燃油滤清器卡夹所需位置上（如图2-52所示）。

▲图2-51 拆下燃油滤清器

▲图2-52 定位燃油滤清器

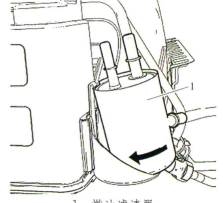

1—燃油滤清器

▲图2-53 倾斜燃油滤清器

（2）沿箭头方向倾斜燃油滤清器（如图2-53所示）。
（3）转动燃油滤清器直到卡夹位于燃油滤清器边缘上（如图2-54所示）。

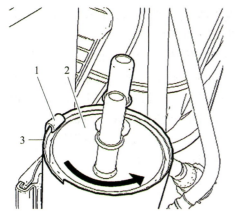

1-卡夹 2-燃油滤清器 3-燃油滤清器边缘

▲ 图2-54 转动燃油滤清器

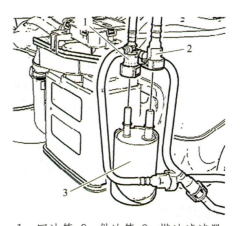

1-回油管 2-供油管 3-燃油滤清器

▲ 图2-55 安装回油管至燃油滤清器

（4）将EN-6015螺塞从燃油通风口拆下。
（5）将回油管安装至燃油滤清器上（如图2-55所示）。
（6）将供油管安装至燃油滤清器上。
（7）完全降低车辆。
（8）连接蓄电池负极电缆（如图2-56所示）。
（9）起动发动机，检查滤清器是否有泄漏。
（10）关闭发动机舱盖。

▲ 图2-56 连接蓄电池负极电缆

拓展学习

现在市场上出售的汽油都是无铅汽油，譬如上海各个加油站提供92、95牌号汽油（如图2-57所示）。这些数字所标定的就是汽油的辛烷值，代表汽油的抗爆性，与汽油的清洁程度毫无关联。汽车汽油的选用应根据汽车使用说明书推荐的牌号，并结合汽车的使用条件，以发动机不发生爆燃为原则。发动机压缩比在9.0~9.5之间可选择90标号的汽油；压缩比9.5~10.5之间可选择92标号的汽油；压缩比在10.5~11之间可选择95标号的汽油。在发动机不发生爆燃的条件下，应尽量选用低牌号汽油。

汽油抗爆性的评价指标是辛烷值，即汽油的牌号。它是实际汽油抗爆性与标准汽油的抗爆性的比值。标准汽油是由异辛烷和正庚烷组成。异辛烷的抗爆性好，其辛烷值定为100；正庚烷的抗爆性差，在汽油机上容易发生爆振，其辛烷值定为0。如果汽油的牌号为

▲ 图2-57 加油站

90，则表示该牌号的汽油与含异辛烷 90%、正庚烷 10% 的标准汽油具有相同的抗爆性。

汽车发动机在设计阶段，会根据压缩比设定所用燃油的牌号。压缩比是发动机一个非常重要的结构参数，它表示活塞在下止点压缩开始时的气体体积与活塞在上止点压缩终了时的气体体积之比。从动力性和经济性方面来说，压缩比应该越大越好。压缩比高，动力性好、热效率高，车辆加速性、最高车速等会相应提高。但是受气缸材料性能以及汽油燃烧爆震的制约，汽油机的压缩比又不能太大。较高发动机压缩比必须使用高牌号的燃油。燃油牌号越高，汽油的燃烧速度就越慢，燃烧爆震出现的概率就越低，对应发动机压缩比应较高；反之，低牌号汽油的燃烧速度较快，燃烧爆震大，对应发动机压缩比应较低。

练习与检测

一、判断题

（1）空气滤清器滤芯通常要和机油滤清器同时更换。（　　）

（2）空气滤清器滤芯变脏后，不及时更换会导致发动机油耗增加。（　　）

（3）如果滤清器滤芯上有尘土，可用压缩空气从上往下吹，以清除滤芯上的尘土。（　　）

（4）更换滤清器滤芯的周期一般为 12 个月或 20 000 km，行驶条件恶劣时可缩短更换间隔。（　　）

（5）科鲁兹 1.6 L 轿车采用燃油滤清器集成于油泵总成中。（　　）

（6）科鲁兹 1.6 L 轿车发动机燃油滤清器拆卸时必须断开蓄电池负极电缆。（　　）

（7）汽车汽油的选用应根据汽车使用说明书推荐的牌号，并结合汽车的使用条件，以发动机不发生爆燃为原则。（　　）

二、单选题

（1）以下关于滤清器滤芯能过滤掉的杂物说法中正确的是（　　）。

A. 尘埃　　　　　　　　　　B. 水分

C. 油污　　　　　　　　　　D. 以上都是

（2）科鲁兹 1.6 升发动机空气滤清器出气管至空气滤清器壳体盖卡箍紧固力矩为（　　）。

A. 3.5 N·m　　　　　　　　B. 5.0 N·m

C. 8.0 N·m　　　　　　　　D. 6.5 N·m

（3）科鲁兹 1.6 L 轿车（发动机型号 LDE）燃油滤清器更换间隔为（　　）。

A. 12 个月或 20 000 km　　　B. 24 个月或 40 000 km

C. 18 个月或 30 000 km　　　D. 6 个月或 10 000 km

（4）关于发动机机油，下面陈述中正确的是（　　）。

A. 只添加机油而不更换机油，性能不会变化

B. 机油变黑时，应当更换机油

C. 一般情况下，使用中机油液面不会降低，所以如有降低说明有漏油

D. 机油按性能品质和黏度分成不同等级，需根据等级来使用

模块四　发动机附件传动带检查和更换

学习目标

1. 知道发动机附件传动带的作用和类型及其检查内容。
2. 掌握发动机附件传动带的更换工艺。
3. 能更换发动机附件传动带。
4. 具有更换发动机附件传动带的高度的质量意识和安全意识。
5. 具有良好的技术交流、团队合作和环境保护意识。

学习导入

发动机除了给汽车车轮提供动力，驱动汽车行驶外，还要给发动机附件（交流发电机、空调压缩机、动力转向泵等）输出动力，发动机附件传动带承担了把发动机动力传递给发动机附件的任务，因此传动带工作状况直接影响汽车是否能有效工作，汽车制造公司也都规定了传动带的检查内容和使用寿命周期，来确保汽车正常行驶。

通过参考科鲁兹 1.6 L 轿车维修手册，使用工具对发动机附件传动带进行检查和更换，并对客户提出车辆使用注意事项和建议。

任务　检查和更换发动机附件传动带

任务描述

有一辆 2013 款科鲁兹 1.6 L 轿车，发现发动机附件传动带有裂纹，建议更换发动机附件传动带。

任务准备

【知识准备】

一、发动机附件传动带特点

传动带是用于传递机械动力的胶带，发动机附件所用的传动带有两种：三角带（V 形带），如图 2-58 所示，和多楔带（蛇形带），如图 2-59 所示。三角带是断面为梯形的环形传动带的统称，工作面为与轮槽相接触的两侧面。多楔带是以平带为基体、内表面排布有纵向 40°

等间距梯形楔的环形橡胶传动带，其工作面为楔的侧面。多楔带特别适用于结构要求紧凑、传动功率大的高速传动。目前大多数汽车的发动机附件都以带自动张紧滚轮的多楔带传动。

图 2-58　三角带

图 2-59　多楔带

二、发动机附件传动带检查

随着传动带使用时间增加，当传动带拉伸长度超过张紧器所能够补偿的范围，会产生打滑现象。棱齿磨损、皮带上有润滑油等现象也会导致打滑。如果传动带出现硬度降低、腐蚀、裂纹和裂缝等情况，表明传动带已经破损，不可继续使用。

传动带检查过程中，需要检查传动带张紧度。因为现在的发动机使用传动带自动张紧器来调节传动带的张紧度，所以传动带的张紧度是无需调节的。张紧度可以使用张力计放在带轮之间进行测量，也可采用经验法，即在带轮之间施加 98 N 的力把传动带压下 10 mm。

如果传动带出现松弛，通常是传动带已经损坏或张紧器出现故障所致。传动带检查和更换周期各车型都有差异，上汽通用汽车公司建议汽车行驶 2 万 km 检查发动机附件传动带，5 万 km 更换发动机附件传动带。上汽大众公司桑塔纳轿车建议 6 万 km 检查传动带，12 万 km 更换传动带。

【器材准备】

科鲁兹轿车和举升机

常用工具一套

发动机附件传动带

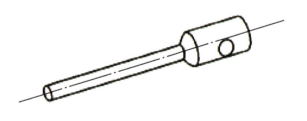

专用工具 EN-6349

任务实施

一、传动带及张紧器检查

（1）用手摸、眼睛看，检查传动带是否有裂纹、油污和磨损状况。

（2）目视检查皮带轮与传动带安装状况。

（3）传动带张力检查，通过在两个带轮中间施加 98 N 的力检查传动带松紧程度，标准位移在 8～10 mm 之间。

（4）传动带张紧器功能检查。

如图 2-60 所示，沿箭头所指方向，使用工具在铸件凸出部分逆时针转动向皮带张紧器施加张紧力，再停止施加力，并使其慢慢往回滑。张紧器必须往回滑至原始位置，否则应更换自动张紧器。

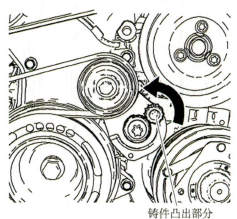

▲ 图 2-60　传动带张紧器检查

二、传动带拆卸

（1）打开发动机舱盖。

（2）举升和顶起车辆。

（3）拆下前舱防溅罩。

（4）使用工具逆时针转动铸件凸出部分，来释放传动带张紧器上的张力，并用锁销锁止（如图 2-61 所示）。

▲ 图 2-61　安装专用工具，松开张紧轮

▲ 图 2-62　拆下传动带

（5）拆下传动带（如图 2-62 所示）。

三、传动带安装

（1）安装传动皮带（如图 2-63 所示）。

（2）检查传动带的位置（如图 2-64 所示），传动带应定位在发电机带轮、曲轴扭转减振器、传动带张紧器和水泵带轮上。传动带必须位于水泵带轮法兰 1~2 之间。

▲ 图 2-63　安装传动带

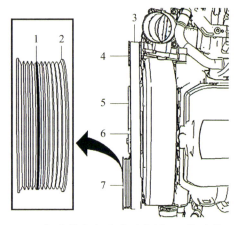

1—2 传动带在水泵法兰位置 3.传动带
4.发电机皮带轮 5.曲轴扭转减振器
6.传动带张紧器 7.水泵皮带轮

图 2-64　传动带安装位置检查

▲ 图 2-65　对张紧器施加张紧力

（3）使用工具逆时针转动铸件凸出部分，来释放传动带张紧器上的张力。
（4）拔下专用工具：锁销。
（5）在铸件凸出部分，使用工具顺时针旋转对张紧器施加张紧力（如图 2-65 所示）。
（6）安装前舱防溅罩。
（7）降下车辆，关闭发动机舱盖。

拓展学习

近年来，出于环境保护和对汽车的舒适性要求，节能、排放和 NVH（噪声、振动和平稳）是汽车工业的主要话题，如何提高燃料利用率和减少废气排放，如何提高发动机辅助装置在发动机周围有限空间里的耐热氧老化和抗疲劳性以及如何提高维修周期一直是汽车工业的研究目标。国内外一些著名传动带厂家对汽车附件传动带进行了许多改进和性能提高，齿形多楔带和弹性多楔带是今后汽车附件传动带的应用和发展方向。

一、齿形多楔带（如图 2-66所示）

齿形多楔带类似于齿形切边 V 带，即在楔部切成齿形，以提高带的曲挠性能及散热性能，可明显提高带使用寿命。有齿多楔带还可降低对带的装配精度要求。但有齿多楔带在使用时通过带轮会带进带出空气流，产生有节奏的气流声。

▲ 图 2-66　齿形多楔带

二、弹性多楔带（如图 2-67 所示）

弹性多楔带最早用于白色家电如洗衣机、干洗机和健身器材等。原理是，带的长度比轮系计算周长小，带在装配时，使用专用工具强制拉伸在固定的带轮上，通过带的弹性变形力使带产生足够的张力。在整个使用过程中无需调整张力，这样可以省略张力调节机构。近几年来，小型家用轿车为了简化发动机前端附件传动轮系结构也开始使用弹性多楔带作为驱动用带。弹性多楔带一般使用拉断伸长率大于20%的高捻度尼龙纤维作为强力层线绳。

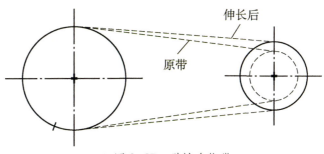

▲ 图 2-67 弹性多楔带

练习与检测

一、判断题

（1）目前大多数汽车的发动机附件都以带自动张紧滚轮的三角带传动。（　）
（2）传动带出现裂纹可继续使用。（　）
（3）传动带张紧度可以使用张力计放在带轮之间进行测量，也可采用经验法。（　）
（4）现在的发动机使用传动带自动张紧器来调节传动带的张紧度，所以传动带的张紧度是无需调节的。（　）

二、单选题

（1）以下不是发动机附件传动带传力的对象为（　）。
A. 交流发电机　　　　　　　B. 空调压缩机
C. 动力转向　　　　　　　　D. 起动机
（2）用手摸，眼睛看无法判断传动带性能的是（　）。
A. 裂纹　　　　　　　　　　B. 油污
C. 张紧度　　　　　　　　　D. 磨损
（3）目前发动机附件传动带使用最多的是（　）。
A. 三角带　　　　　　　　　B. 平带
C. 多楔带　　　　　　　　　D. 同步带

项目三 汽车底盘维护

项目导学

为了尽可能避免使用中发生故障,汽车制造商根据试验和经验规定了底盘各装置的保养项目、内容和工艺。只要及时按保养规定进行认真保养,使用中基本上不会有故障出现。

本项目介绍的是定期保养中对底盘各装置保养时、最基本和最常用的保养工艺,通过学习和实际操作,初步掌握底盘定期保养的工艺、并能规范地操作。

本项目的主要任务:

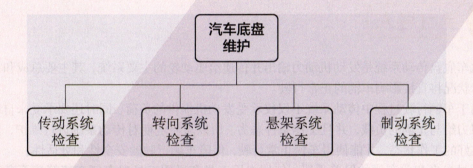

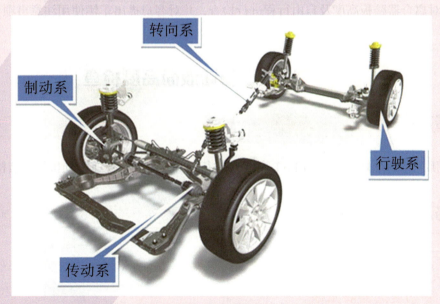

▲ 图 3-1 底盘系统

模块一 传动系统检查

1. 能使用工具按照规范检查变速箱油液面高度。
2. 能使用工具按照规范检查离合器踏板高度及自由行程。
3. 具有高度的质量意识和安全意识。
4. 具有良好的技术交流、团队合作和环境保护意识。

学习导入

汽车底盘传动系统是发动机动力输出并传递给驱动轮的主要系统，其主要总成和零部件的技术状况将直接影响车辆的正常行驶。

由于车辆行驶过程中传动系统不仅仅承受发动机提供的负荷，同时还要承受来自地面和行驶阻力给与车辆的负载，并且工作条件恶劣。所以需要定期对传动系统进行维护，保障其处于良好的工作状态，才能使得车辆正常行驶，保障车辆行驶的安全性和舒适性。

通过参考相关车辆的保养手册，使用专用工具和通用工具对车辆变速箱液面高度进行检查以及对离合器踏板高度及自由行程进行检查，并对客户提出车辆使用注意事项和建议。

任务一 变速箱油液面高度检查

任务描述

某雪佛兰特约维修站为一辆 1.6 L 科鲁兹进行保养，需进行变速驱动桥的油液检查。

任务准备

【知识准备】

一、手动变速器油概述

1. 更换手动变速器油的重要性

随着使用时间及里程的增加，齿轮油会氧化和变质，所生成的各种氧化物会加速各运行机件的磨损，如图 3-2 所示。

发动机前置、前桥驱动的手动变速驱动桥是由手动变速器和主减速装置（含差速器）组成的，它们共用的润滑油叫做"齿轮油"。

2. 润滑油的泄漏

由于手动变速驱动桥是个相对密闭的空间，除了位于上部的通气孔外，均为密封。如无泄漏，齿轮油是不会随行驶里程的增加而发生减少现象的。油面的降低都是由于泄漏而造成的。

3. 检查/更换间隔

由于难以通过目测或其他简单方法来判断油的变质程度，因此一般就规定以固定的里程/时间间隔来检查/更换齿轮油。

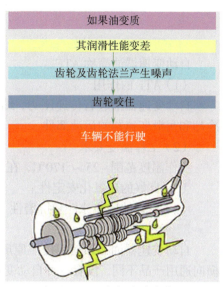

▲ 图 3-2　检查手动变速器

表 3-1　检查/更换间隔

车型	检查间隔（km）	规格
丰田卡罗拉（Corolla）	40 000	API-GL5，SAE 75W-90
大众帕萨特 大众桑塔纳	30 000 60 000	API-GL5，SAE 75W-90
通用科鲁兹	10 000	EDS-M8049 或 API-GL4，SAE 75W-85

4. 齿轮油规格

和发动机机油一样，变速器和主减速装置齿轮油也是按照API(美国石油协会)和SAE(美国工程师协会)两种等级标准对齿轮油的适用范围和黏度等级进行分类。

表 3-2　API 汽车齿轮油级别及适用范围

级别	适用范围
GL4	高速低转矩及低速高转矩下运转的乘用车和其他汽车，特别适用于准双曲面齿轮。
GL5	在高速冲击负荷、高速低扭矩、低速高转矩下运转的乘用车和其他汽车，特别适用于准双曲面齿轮。

表 3-3　SAE 齿轮油黏度分类表

参数 牌号	黏度达到150 Pa·S的最低温度	运动黏度100℃/S	
		最小	最大
75W	−55℃	4.1S	无
80W	−26℃	4.1S	无

二、自动变速器油概述

1. 对自动变速器油的要求

自动变速器油简称 ATF。

（1）ATF 的作用

自动变速器油起着传递压力，结合变速器的离合器，同时用于变矩器的扭矩传递，以及冷却和润滑变速器的运动部件。

（2）工作温度要求

工作温度范围 –25 ~ 170℃，在这样大的范围内粘度都不应有太大变化。

（3）良好的热氧化安定性。

（4）良好的抗泡沫性和抗磨性

2. ATF的规格

自动变速器油必须使用按照原厂规定的牌号与规格。它与发动机机油、制动液等可作为横向通用产品不同，没有一种自动变速器油可以适应所有大公司的自动变速器

通用汽车在 1967 年开始使用 DEXRON 自动变速器油，DEXRON 自动变速器油可改善工作性能，有更好的抗氧化能力。到目前为止已经有很多换代产品了，最新的是 DEXRON Ⅵ。

表 3-4　自动变速器油型号

车型	变速器型号	自动变速器油规格
大众	01N/01M/01V	VW ATF（淡黄色）
丰田	AISIN 81-40LE	T-IV
通用科鲁兹	6T30	DEXTRON Ⅵ

【器材准备】

科鲁兹轿车和举升机

常用工具一套

扭力扳手

机油回收桶

任务实施

说明：做好准备工作，安装车外三件套。

警告：

（1）当变速器处于工作温度时，在拆下检查螺塞时要采取必要的保护措施，以避免被排放的油液烫伤。

（2）在排气隔热罩周围作业时要小心。隔热罩可能有锐边，如果不小心接触，会导致人员受伤。务必在隔热罩上暂时安装护盖以降低受伤的风险。

一、举升车辆至合适位置

（1）举升机使用时，注意支撑柱所顶车辆合适位置，如图 3-3 所示。

（2）举升机举起到合适位置后，进行锁止。

二、放置接油盘

将放油桶推到变速器油底壳正下方，防止变速箱油洒落，如图 3-4 所示。

提示： （1）推放油桶时双手必须放在油筒的手柄处。

（2）根据车顶起高度不同，油桶高度可做适当调整。

▲图 3-3 举升车辆

▲图 3-4 旋转接油盘

三、检查变速箱有无泄漏

检查液体从传动桥的任何部分渗漏，如图 3-5 中箭头所示。

（1）壳体触面；

（2）轴和拉索伸出的区域；

（3）油封；

（4）管道和软管接头。

提示： 如果发现漏油现象，可以先用纱布把漏油表面擦干净，燃油过一段时间再来检查确认是否漏油。

四、检查手动变速器变速箱油液高度

（1）用 15 mm 套筒逆时针旋松检查螺栓①。如图 3-6 所示。

（2）当松完检查螺栓后，将套筒扳手放回到工具车上。

▲图 3-5 检查变速箱泄漏

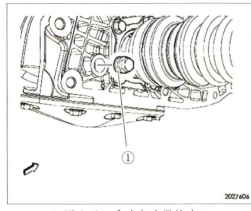

▲ 图3-6 手动变速器检查口

（3）一手拿一块抹布，另一只手旋出检查螺栓。

（4）如果变速箱油位正常，变速箱油会从油位检查螺塞孔中溢出。

提示：（1）在拧松检查螺栓的时候必须一次性均匀用力拧松，不能用冲击力。

（2）在旋检查螺栓过程中，注意当旋到螺塞快要出来的时候，要控制好检查螺栓，用力顶住它。当完成松掉作业的时候要迅速将检查螺栓拿开，看到有变速箱油溢出立即拧回螺栓。

（3）在操作过程中要做到手不能沾到变速箱油。如果有变速箱油沾到手，则必须马上用布擦干净。

（5）安装变速器油检查螺塞并紧固最后一遍至 6 N·m。使用 EN-45059 仪表，最后紧固变速器油检查螺塞 45°~180°。

五、检查自动变速器变速箱油液高度

（1）起动发动机，如图 3-7 所示。

▲ 图3-7 起动发动机

▲ 图3-8 踩下制动踏板

（2）踩下制动踏板，如图 3-8 所示。

（3）将换挡杆挂到每个挡位，且在每个挡位停顿 3 秒钟。然后将换挡杆挂回驻车挡（P）。使发动机以 500~800 r/min 的速度急速运行至少 3 分钟，从而使油液泡沫消散、油位稳定。松开制动踏板，如图 3-9 所示。

注意：当变速器油温度（TFT）为 85°~95℃（185~203°F）时，必须检查变速器油位。如果变速器油温度不是此温度值，视情况操作车辆或使油液冷却。如果在变速器油温度不在

▲ 图3-9 换挡

上述温度时设置油位，会导致变速器油加注不足或加注过量。变速器油温度超过 95℃时可能加注不足，低于 85℃时可能加注过量。变速器油加注不足会导致零件彻底磨损或损坏。加注过量的变速器将导致油液溢出通风管、油液起泡或泵的气穴现象。

（4）保持发动机运转，通过驾驶员信息中心或者故障诊断仪观察变速器油温度（TFT），如图 3-10 所示。

项目三 **汽车底盘维护** 93

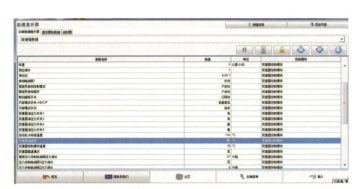

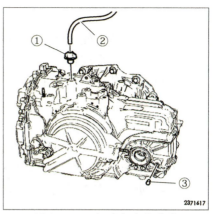

▲ 图3-10 ATF油温

▲ 图3-11 自动变速器检查口

注意：车辆必须置于水平位置，发动机运转且换挡杆挂在驻车挡（P）。

（5）用举升机举升车辆。

警告：拆卸变速器油加油螺塞时发动机必须处于运行状态，否则会流失过多油液。变速器油可能会很烫。由于实际油位未知，在拆卸加油螺塞时要站开。准备好容器，接收流出的油液。禁止在拆下加油螺塞后关闭发动机，否则会被从加注口喷出的热变速器油烫伤。如图3-11所示。

（6）车辆怠速运行时，放置接油盘，使用11 MM套筒拆下油位螺塞③。如图3-12所示。

▲ 图3-12 拆下油位螺塞

（7）如果变速箱油位正常则变速箱油液稳定地流出，如图3-13所示。

▲ 图3-13 检查变速器油位

▲ 图3-14 拧紧油位螺塞

（8）安装油位螺塞③并紧固至12 N·m，如图3-14所示。

拓展学习

检查01N、01M自动变速器ATF液位。

一、检查条件

（1）变速器未处于紧急运行状态，ATF温度不高于30℃。
（2）汽车水平放置。
（3）换挡杆位于"P"挡。

二、检查过程

（1）拆下油底壳护板。
（2）储液容器VAG1924固定在汽车上。
（3）连接故障诊断仪VGA1552并输入地址码"02"选择"自动变速器控制系统"。
（4）使ATF的温度升高，达到35～45℃。

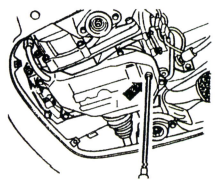

图3-15　拆卸检查口（大众）

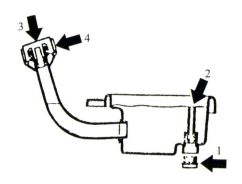

1 检查孔螺塞，2 溢流管，3 密封螺塞，4 密封盖

图3-16　溢流管内部示意图

（5）如图3-15所示，拆下油底壳上的ATF检查孔螺塞。溢流管内的ATF将流出。

具体原理如图3-16所示，如果ATF从检查孔中滴出，则说明ATF油位高于溢流管。不需要补充ATF。在密封螺塞上安装新的密封圈，并且拧紧至15 N·m，ATF检查工作结束；如果ATF从孔中流出的仅是溢流管内的，说明ATF油位低于溢流管，则应补充ATF。

任务二　离合器踏板自由行程检查

任务描述

某雪佛兰特约维修站为一辆1.6 L科鲁兹进行保养，需进行离合器踏板的自由行程检查。

任务准备

【知识准备】

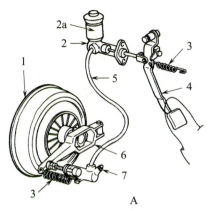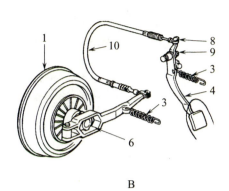

A 液压操纵机构　B 机械式操纵机械　1 离合器盖　2 离合器主缸　2a 储液罐　3 离合器踏板回位弹簧　4 离合器踏板　5 液压管路　6 分离叉　7 分离缸　8 踏板臂　9 踏板轴　10 分离拉索

▲ 图 3-17　离合器组成

一、离合器踏板高度和离合器踏板自由行程概述

现代乘用车的离合器操纵机构分液压式和机械式两大类。如图 3-17 所示。由于液压式操纵机构工作柔顺，目前大多数乘用车的离合器操纵机构都采用液压式。

但是无论操纵机构是用液压式还是机械式，对驾驶员来说，都是用离合器踏板操纵的。踏板高度和自由行程大小很重要。

二、离合器踏板高度

如图 3-18 所示，正确的离合器踏板高度既便于操作（放脚上去），又能使踏板有足够的工作行程。但在车辆使用中离合器踏板高度会发生变化，在保养时应检查离合器踏板高度，如不符合规定，应予调整。

三、离合器踏板自由行程（如图 3-19 所示）

是指离合器踏板运动到分离轴承推动到膜片弹簧前的行程。具体说来则为下两段行程之和：

当你用手指按压踏板时，踏板运动到踏板推杆与主缸活塞接触的行程；

踏板继续运动，使主缸液压上升，工作缸活塞伸出，分离轴承与膜片弹簧，达到接触前的行程。

【器材准备】

卡罗拉和举升机　　　　　　　　　　　　常用工具一套

扭力扳手

直尺

任务实施

说明：做好准备工作，安装车内三件套。

离合器的检查和调整。

（1）检查主缸活塞推杆处应无渗漏。

（2）踏下离合器踏板时，检查应无下述故障

① 踏板回弹无力；

② 异常噪声；

③ 踏下时过轻；

④ 踏下时过重。

（3）离合器踏板高度调节（如图3-18所示），此时离合器踏板中心应与地板垂直。

2007款卡罗拉踏板高度：143.6～153.6 mm。

注意：

离合器踏板高度是指车身地板到踏板上表面的距离。如从地毯表面测量，则应加上地毯厚度。

如果高度不正确，松开锁止螺母，转动止动螺栓（在图3-18中"踏板高度调节点"处）。锁紧螺母的锁紧扭矩为16 N·m。

（4）离合器踏板自由行程和推杆间隙

① 检查踏板自由行程和推杆间隙是否正确。推杆间隙在踏板上反映为：1～5 mm，踏板自由行程为5～15 mm，如图3-19所示。

② 离合器踏板自由行程和推杆间隙的调节。

如图3-18所示，松开锁止螺母，转动推杆来调节自由行程。调好后上紧锁止螺母，再次检查踏板高度是否合乎规定。

（5）离合器分离点确定方法

发动机运转时，脚先略微踏离合器踏板，手将挡位轻轻移向倒挡，此时因离合器无分离，会

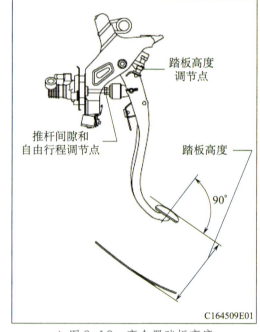

▲ 图3-18 离合器踏板高度

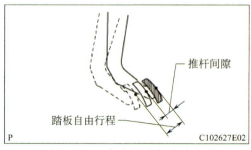

▲ 图3-19 离合器踏板自由行程

听到齿轮撞击声，同时慢慢踏下离合器踏板直至无撞击入挡，此点即为离合器分离点。测量踏板全部行程结束点到离合器分离点间距离，应不小于 25 mm。若这一距离过小，应首先检查和调整踏板高度、推杆间隙和踏板自由行程，如还不合标准，则应对管路放气，检查离合器盖和离合器片。

（6）离合器磨擦、噪声变重

急速运转时，踏下离合器踏板，换 1 挡或倒挡应无齿轮碰撞声并进挡平衡。再检查踏下及抬起踏板后有无异常声音，踏下踏板不应过重。

如果有噪声，应进一步检查，不过这不属于保养范围，应取得车主和调度的同意。

拓展学习

常见中小型乘用车离合器踏板的检查与调整与上述丰田 07 款卡罗拉相似。
试以别克凯越离合器踏板为例，作简单介绍。

一、离合器踏板自由行程

自由行程标准：6 ~ 12 mm。

如不合标准，松开推杆锁止螺母，转动推杆予以调整。调整后紧固锁止螺母。如图 3-20 所示

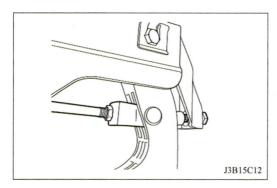

▲图 3-20　踏板调整（通用）

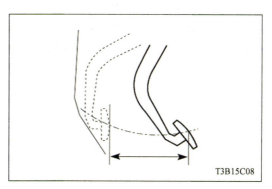

▲图 3-21　踏板行程（通用）

二、离合器行程

离合器行程标准：130 ~ 140 mm。
如不合标准，松开锁止螺母并转动螺栓来调整。调整后紧固锁止螺母（如图 3-21 所示）。

三、离合器分离点

凯越离合器分离点检查，调整方法与卡罗拉相同，但数值为 30 ~ 40 mm。

练习与检测

一、判断题

（1）汽车保养变速箱油可以多种不同品牌混合更换。　　　　　　　　　　　　（　　）

（2）保养更换变速箱油时，都需要对变速箱油位高度进行检查。（ ）
（3）关于自动变速箱油的型号，每台车都是一样的。（ ）
（4）关于手动变速箱油的型号，每台车都是一样的。（ ）
（5）离合器的自由行程是指离合器踏板到地面的高度。（ ）

二、单选题

（1）关于离合器作用下列说法错误的是（   ）。
　　A. 使发动机与传动系逐渐接合，保证汽车平稳起步。
　　B. 暂时切断发动机的动力传动，保证变速器换档平顺。
　　C. 限制所传递的转矩，防止传动系过载。
　　D. 降速增扭。

（2）技师甲说"可以给驱动桥齿轮油加注不同的润滑脂"。技师乙说"加注变速器润滑油时一定要先检查其油位"。说法中正确的是下列哪一项？（   ）
　　A. 仅技师甲正确。　　　　　　B. 仅技师乙正确。
　　C. 技师甲、乙都正确。　　　　D. 技师甲、乙都不正确。

（3）技师甲说：自动变速器油用来冷却、清洁、润滑自动变速器；技师乙说：自动变速器油用来操作换挡阀和传递发动机扭矩。谁的说法正确？（   ）
　　A. 仅技师甲正确。　　　　　　B. 仅技师乙正确。
　　C. 技师甲、乙都正确。　　　　D. 技师甲、乙都不正确。

（4）技师甲说：变速器油位检查时发动机必须熄火；技师乙说：所有的变速器都可以通过油尺来检查油位。谁的说法正确？（   ）
　　A. 仅技师甲正确。　　　　　　B. 仅技师乙正确。
　　C. 技师甲、乙都正确。　　　　D. 技师甲、乙都不正确。

项目三　汽车底盘维护

模块二　转向系统检查

 学习目标

1. 能检查转向助力泵液面高度。
2. 了解方向盘的自由行程的概念。
3. 能使用工具按照规范检查横拉杆的锁止螺母松紧度、转向球节。
4. 具有良好的技术交流、团队合作和环境保护意识。

学习导入

汽车转向系统不仅可以改变汽车的行驶方向，使其按驾驶员规定的方向行驶，而且还可以克服由于路面侧向干扰力使车轮产生的转向作用，恢复汽车的行驶方向，其主要总成和零部件的技术状况将直接影响车辆的正常行驶。

由于车辆行驶过程中转向系统不仅仅承受车辆本身行驶时的负荷，同时还要承受来自地面和行驶阻力给与车辆的负载，并且工作条件恶劣。所以需要定期对转向系统进行维护，保障其处于良好的工作状态，才能使车辆正常行驶，保障车辆行驶的安全性和舒适性。

通过参考相关车辆的保养手册，使用工具按照规范检查横拉杆的锁止螺母松紧度、转向球节及转向助力泵液面高度，并对客户提出车辆使用注意事项和建议。

任务　转向助力泵油液高度和转向横拉杆锁止螺母检查

任务描述

某雪佛兰特约维修站为一辆 1.6 L 科鲁兹进行保养，需进行转向助力泵油液高度和转向横拉杆锁止螺母检查。

任务准备

【知识准备】

一、转向系统概述

1. 转向系的组成和功用（如图 3-22 所示）

（1）转向盘：驾驶员操作控制行驶方向。

（2）转向管柱：连接转向盘和转向机，传递作用力。

（3）转向机：变换来自转向盘的转向扭矩和转动位移，把它们输至转向传动机构。

（4）转向传动机构：转向传动机构是杆与臂的组合件，通过这些杆和臂把转向机的运动传送给左右前车轮。

2. 转向机的分类

现代汽车仅采用两种类型转向机：齿轮齿条式和循环球式。

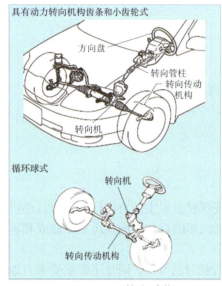

▲ 图3-22 转向系统

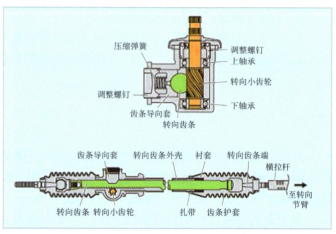

▲ 图3-23 齿轮齿条式转向机

3. 齿轮齿条式转向机（如图3-23所示）

这种转向机结构紧凑、简单。因为齿轮箱小，并且齿条本身可作转向传动机构。

直接齿轮啮合，所以转向反应灵敏。

滑动和转向阻力小，转向轻便。

转向机齿轮和齿条是全密封的，无需维护。

4. 动力转向（如图3-24所示）

为了保证转向灵活性，现代乘用车大都采用了动力转向装置。

动力转向分为液压式和电动式两类。目前大多数乘用车采用的液压式动力转向。

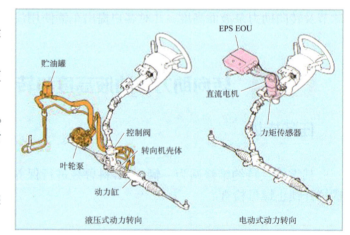

▲ 图3-24 动力转向

二、转向盘自由行程

1. 转向盘自由行程的定义

当汽车处于直线行驶时，转向盘为消除间隙而克服弹性变形所转过的角度，称为转向盘自由行程。即在驾驶汽车过程中，向左或向右打方向，不使转向轮发生偏转而转向盘所能转过的角度。

2. 转向盘自由行程的作用

转向盘自由行程对于缓和路面冲击，使驾驶员操纵柔和，防止驾驶员过度紧张等是有利的。但不宜过大，以免过分影响转向灵敏性和产生转向摇摆现象。

由于目前小型车上所使用的转向系统均带有助力系统，且尤其是带有电动助力转向系统的车辆，该系统带有转向角度传感器或转向扭矩传感器等高精度转向信号的采集功能，故此类车辆的转向盘自由行程几乎没有，维护作业时无需进行测量；若存在转向盘自由行程，说明转向系统存在故障，需要进行进一步的检查和维修。

【器材准备】

科鲁兹轿车和举升机

常用工具一套

扭力扳手

任务实施

说明：做好准备工作，安装车外三件套。

警告：

（1）添加油液时，务必使用正确的动力转向液。使用不正确的油液，将导致软管和密封件损坏以及油液泄漏。

（2）在排气隔热罩周围作业时要小心。隔热罩可能有锐边，如果不小心接触，会导致人员受伤。务必在隔热罩上暂时安装护盖以降低受伤的风险。

一、检查转向助力泵油液高度

（1）将车辆停在水平地面上。

（2）运行发动机直到油液温度达到80℃。

（3）关闭发动机。

（4）用手拆下储液罐盖①，将转向液罐盖油尺上的油液擦干净，拧回储液罐盖，如图3-25所示。

（5）再次用手拆下储液罐盖，检查转向液罐盖油尺上的液位，如图3-26所示。

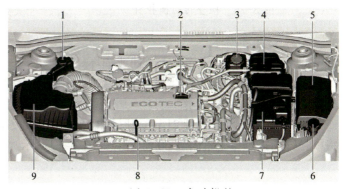

▲ 图3-25 发动机舱

▲ 图 3-26　拆下储液罐盖

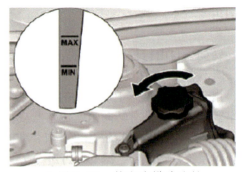

▲ 图 3-27　转向液罐盖油尺

（6）确保液位处于转向液罐盖油尺的"HOT/FULL/MAX（热态/充满/最大）"标记位置，如图 3-27 所示。

（7）拧回转向液罐盖。

二、举升车辆至合适位置

（1）举升机使用时，注意支撑柱所顶车辆合适位置（如图 3-3 所示）。

（2）举升机举起到合适位置后，进行锁止。

三、检查转向横拉杆锁止螺母

（1）动力转向松动与摆动。

用手摇晃转向传动机构，检查有无松动或摆动（如图 3-28 所示）。

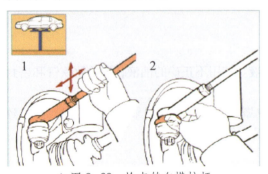

▲ 图 3-28　检查转向横拉杆

▲ 图 3-29　检查转向球节

（2）弯曲和损坏。

① 检查转向传动机构有无弯曲或损坏。

② 检查转向球节头防尘罩有无裂纹或损坏。如有则必须更换。如图 3-29 所示。

（3）使用扭力扳手带 21 mm 开口和 16 mm 开口扳手将横拉杆琐止螺母①紧固至 60 N·m，如图 3-30 所示。

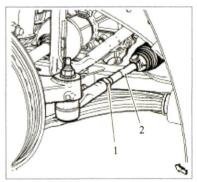

▲ 图 3-30　横拉杆琐止螺母

拓展学习

一、动力转向油的简介

▲ 图 3-31　动力转向油

动力转向油是汽车助力转向泵里面用的一种特殊液体，通过液压作用，可以使方向盘变得非常轻巧。助力转向油就是一种加注在汽车转向器里面的一种特种油液，是一种混合剂，它的主要成分是天然石油基油或者合成油，与变速器油液、制动油液以及减震油液类似。

动力转向是汽车上的一种增加舒适性的新技术，可以在驾驶员进行转向的时候自动提供转向力，从而减轻驾驶员的转向劳动强度，而助力转向油就是加注在助力转向系统里面的一种介质油，起到传递转向力和缓冲的作用，如图 3-31 所示。

二、动力转向油的外观

动力转向油是红色的或者是透明的（由其牌号确定）。如果颜色已经是白色的或者是粉红色的，油就已经被污染了，系统必须加以冲洗。粉红色的和泡沫样的油液表明系统中有空气存在。过量的空气必须从系统中排出。

如图 3-32 所示右侧为正常动力转向油，左侧则存在过量的气泡。在动力转向油中出现了气泡就表示空气进入了系统中。这就会导致动力转向系统工作时有噪声，助力大小会变化，间歇性地丢失助力，以及损坏助力泵。

▲ 图 3-32　动力转向油对比

练习与检测

一、判断题

（1）转向系的作用是保证汽车转向的。　　　　　　　　　　　　　　　（　）
（2）转向横拉杆都是直的。　　　　　　　　　　　　　　　　　　　　（　）
（3）所有在用车辆都有转向盘自由行程。　　　　　　　　　　　　　　（　）
（4）检查动力转向油液液位时需要预热车辆。　　　　　　　　　　　　（　）
（5）添加动力转向油液必须使用规定型号的动力转向油液。　　　　　　（　）

二、单选题

（1）关于动力转向液液位的检查，下面哪一种说法是对的？（　　）
A. 汽车静止，发动机空转时，转动方向盘数次，这样能使动力转向液的温度达 40 ～

80℃。然后，停止发动机，检查储液罐的液位在规定的范围内。

B. 发动机运转，检查存储罐的液位在规定的范围内。

C. 转动方向盘时，检查存储罐的液位在规定的范围内。

D. 为迅速升高液体的温度，车辆静止时转动方向盘到底并停留，重复做数次，共做5分钟。然后，检查动力转向液液位。

（2）齿轮齿条式转向器的输出部件是（　　）。

A. 小齿轮　　　　　　　　B. 齿条
C. 摇臂轴　　　　　　　　D. 输出轴

（3）动力转向分为（　　）。

A. 液压式和电动式　　　　B. 气压式和电动式
C. 液压式和杠杆式　　　　D. 以上都不是

（4）不属于转向系统组成（　　）。

A. 转向盘　　　　　　　　B. 转向管栓
C. 转向油泵　　　　　　　D. 转向传动机构

模块三　行驶系统检查

1. 能进行车轮检查。
2. 了解悬架基本构成及类型。
3. 能使用工具按照规范检查悬架螺栓。
4. 具有良好的技术交流、团队合作和环境保护意识。

学习导入

　　汽车作为一种地面交通工具，其行驶系的主要功用是：将汽车构成一个整体；承受汽车总质量；借助驱动轮与路面的附着作用，将传动系传来的转矩转化为汽车行驶的驱动力；传递并承受路面作用于车轮上的各种力和力矩；缓和不平路面对汽车产生的冲击，减小汽车在行驶中的振动，保证汽车平顺行驶，其主要总成和零部件的技术状况将直接影响车辆的正常行驶。

　　由于车辆行驶过程中行驶系统不仅仅承受车辆本身行驶时的负荷，同时还要承受来自地面和行驶阻力给与车辆的负载，并且工作条件恶劣。所以需要定期对行驶系统进行维护，保障其处于良好的工作状态，才能使得车辆正常行驶，保障车辆行驶的安全性和舒适性。

　　通过参考相关车辆的保养手册，使用工具按照规范检查汽车的轮胎及悬架的部件，并对客户提出车辆使用注意事项和建议。

任务一　汽车轮胎检查

任务描述

　　某雪佛兰特约维修站为一辆 1.6 L 科鲁兹进行保养，需进行汽车轮胎检查。

任务准备

【知识准备】

　　车轮与轮胎是汽车行驶系中的重要部件，位于车身与路面之间，起支承汽车、乘员和装

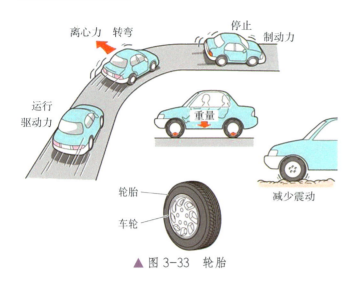

▲ 图3-33 轮胎

载重量；传递汽车与路面之间的各种力和力矩；缓冲车轮受路面颠簸时所引起的振动，保持汽车的行驶方向等作用，如图3-33所示。

一、轮胎的功用

轮胎由橡胶制成，安装在轮辋上。车辆行驶的舒适性能与轮胎直接有关。其主要功用有：

（1）支撑车辆重量；

（2）通过轮胎和路面良好附着性能，提高汽车的动力性、通过性和操控性；

（3）帮助悬架系统吸收路面的冲击和振动，以提高驾乘舒适性；

（4）改变汽车方向。汽车不论是转向还是调头都需要由汽车的轮胎来完成，它根据驾驶员的意愿来改变汽车行驶的方向。

由此可见，车轮和轮胎对汽车的使用性能有很大的影响，车轮的合理使用关系到汽车的安全行驶、能源的节约和汽车运输成本的降低。

二、轮胎的类型

汽车轮胎按胎体结构不同分为充气轮胎和实心轮胎。现代汽车多采用充气轮胎。按轮胎内空气压力的大小可分为高压胎（0.5~0.7 MPa）、低压胎（0.15~0.45 MPa）和超低压胎（0.15 MPa以下），如今汽车上几乎全部都使用低压胎。

充气轮胎由于保持空气方法的不同，其组成结构也不同，又可分为有内胎轮胎和无内胎轮胎两种。无内胎轮胎在轿车上广泛采用，并开始在货车上使用。

充气轮胎按胎体中帘线排列方向不同，可分为子午线轮胎和普通斜交轮胎，结构如图3-34所示。

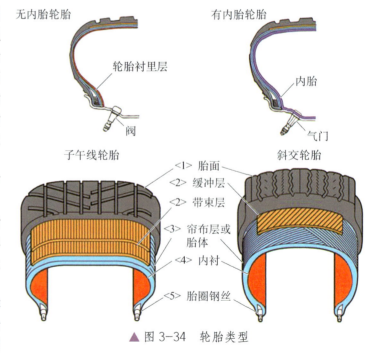

▲ 图3-34 轮胎类型

三、轮胎的结构

普通充气轮胎由外胎、内胎和垫带组成，在深槽轮辋上使用的有内胎轮胎没有垫带，无内胎的轮胎既无内胎也无垫带，如图 3-35 所示。

1. 外胎

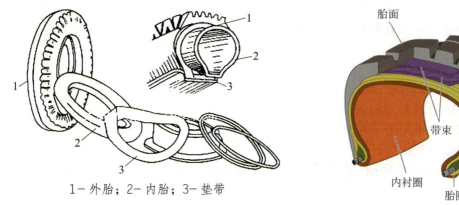

1— 外胎；2— 内胎；3— 垫带

▲ 图 3-35　充气轮胎的组成

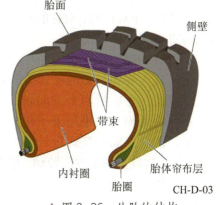

▲ 图 3-36　外胎的结构

轮胎外胎的基本组成部分有：胎面、带束和胎体帘布层、内衬层、胎圈等，如图 3-36 所示。

1）胎面

胎面是轮胎的外表面，可分为胎冠、胎肩和胎侧三部分。

胎冠是轮胎与路面直接接触的部分，具备极高的抗磨损性和抗撕裂性。

胎肩是较厚的胎冠和较薄的胎侧间的过渡部分，一般也有各种花纹，以提高该部分的散热性能。在车轮转向时，胎肩提供了与路面连续的接触面。

胎侧又称胎壁，它由数层橡胶构成，覆盖轮胎两侧，保护内胎免受外部损坏。胎侧在行驶过程中不断地在载荷作用下弯曲变形。胎侧上标有厂家名称、轮胎尺寸及其他资料。

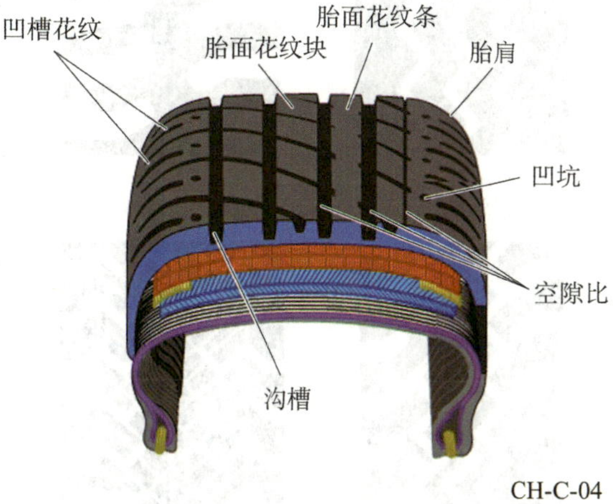

▲ 图 3-37　胎面的形态

2）胎面的形态

胎面上的形态有凹槽花纹、胎面花纹块、胎面花纹条、凹坑和沟槽等，如图 3-37 所示。它们提供了在干燥、潮湿、泥浆和雨雪各种路面状况下的牵引力，帮助车辆避免空转打滑和滑移。

（1）凹槽花纹。凹槽花纹是在胎面花纹块中的一些小的切槽。当轮胎在路面上行驶时，凹槽花纹张开后可以产生更大的接触表面。这使得胎面花纹块可以移动增加弹性和牵引力。凹槽花纹在冰面、薄雪路面和松散的灰尘路面上特别有帮助。

（2）胎面花纹块和胎面花纹条。胎面花纹块构成胎面的主要部分，提供牵引力。胎面花纹条是胎面上的一条花纹块，与路面形成了一个连续的接触条带。

（3）凹坑和沟槽。凹坑的作用是改善胎面的冷却。沟槽是用于加强轮胎导引水的能力。

（4）空隙比概念。空隙比是胎面上开口空间所占的比例。胎面上开口空间的比例越大，排水能力就越强；空隙比例小，就增加了与路面的接触量。

3）胎面的花纹

在轮胎上有各种不同纹式的胎面，包括：不对称的、对称的和单方向的，如图3-38所示。

不对称的胎面纹式用于子午线轮胎，其内侧和外侧的胎面纹式是不同的，它能沿两个方向转动。对称的胎面纹式也用于子午线轮胎，整个胎面的纹式设计是一致的，它也能沿两个方向转动。单方向纹式的胎面用于子午线轮胎，具有单一的胎面纹式，只能向一个方向转动。

不对称的　　　对称的　　　单方向的

▲ 图3-38　胎面的花纹纹式

(1) 纵向花纹　　(2) 横向花纹

(3) 纵向和横向花纹花纹　　(4) 块状花纹

纵向花纹　　横向花纹

▲ 图3-39　胎面花纹

从花纹的形状区分，有纵向花纹、横向花纹、纵向和横向花纹、块状花纹等，如图3-39所示。

4）带束和胎体帘布层

帘布层是外胎的骨架，用以保持外胎的形状和尺寸，并使其有足够的强度。帘布层和带束通常用橡胶复合物和多层的尼龙、聚酯、钢丝或者其他材料制成，相邻额帘线交叉排列。胎冠区域比侧壁有更多的分层，帘布层数越多，轮胎的强度越大，但弹性下降。轮胎帘布层结构有三种类型：斜交帘布层、带束斜交帘布层、子午线帘布层，如图3-40所示。

斜交帘布层：斜交帘布层轮胎上的纤维束互相之间成十字交叉形缠绕在胎体上。斜交帘布层结构的轮胎使用在比较老式的车辆上，如今的车辆上已经不太使用了。

带束斜交帘布层：带束斜交帘布层轮胎与斜交帘布层轮胎在结构上相同，再附加有多条沿轮胎圆周方向安置的带束。带束斜交帘布层轮胎使用在比较老式的重载货车上。

子午线帘布层：在20世纪80年代之后，开始使用子午线帘布层轮胎。它是如今车辆上最普遍使用的轮胎。子午线帘布层轮胎的纤维束是沿轮圈到轮圈的方向排列，再附加有多条沿轮胎圆周方向排列的

 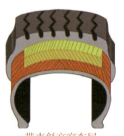 

斜交帘布层　　带束斜交帘布层　　子午线帘布层

▲ 图3-40　轮胎帘布层结构类型

带束,形似地球的子午线而得名。

5)内衬层

轮胎的内衬层是一层橡胶,用于防止空气的渗漏。现在大部分轮胎都采用无内胎设计,内衬层的作用与有内胎轮胎的内胎相同。在如今生产的轮胎上,内衬层已占到了10%的轮胎总重量。

6)胎圈

胎圈使外胎牢固地安装在轮辋上,有很大的刚度和强度,由钢丝圈、帘布层包边和胎圈包布组成。钢丝圈用于限制胎圈的膨胀,以确保对气体密封。

2. 内胎

内胎是一个环形的橡胶管,上面装有气门嘴,以便充入和排出空气。为使内胎在充气状态下不产生褶皱,其尺寸应稍小于外胎的内壁尺寸。

3. 垫带

垫带是个环行的橡胶带,它垫在内胎与轮辋之间,保护内胎不被轮辋和胎圈磨伤。

四、轮胎标记

轮胎侧壁上有很多数据和信息,其中最主要的是尺寸数据。如图3-41中的225/55 R16 95W和图3-42所示。

胎侧数据含义如下:

1. 轮胎类型

有些进口轮胎在以上数据前还有一个表示轮胎类型的字母。P—轿车用胎;LT—轻型货车用胎;T—临时备用胎。

2. 轮胎宽度

前三位数字表示以毫米计算的轮胎宽度。轮胎的整体宽度是从两个边缘处测量的。此轮胎的宽度是225 mm。

▲图3-41 轮胎标记

3. 高宽比

高宽比(又称扁平比)是轮胎高度与其宽度之比的百分值。如本例中轮胎的高宽比就是55%,其宽是225 mm,据此可以计算出该轮胎的高为124 mm。

高宽比大的轮胎侧壁偏转时有很大的柔性,增加了乘坐的舒适性。高宽比小的轮胎能有较大的接触面积,增加了行驶性能和控制能力。制造厂商提供了各种尺寸的轮胎与车轮组合来达到乘坐舒适性能,或者良好的操纵性能。

4. 结构

在高宽比数字后面的字母表示的是轮胎的结构。R—子午线轮胎,有时会看到ZR表示最高速度超过240 km/h;B—带束斜交帘布层轮胎;D—斜交帘布层轮胎。

5. 车轮尺寸(轮辋直径)

车轮的尺寸或者轮辋的直径是从轮辋唇口测量到对边的

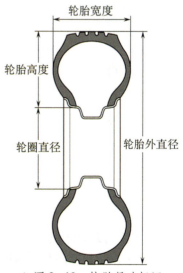

▲图3-42 轮胎尺寸标记

轮辋唇口，以英寸为单位。225/55 R16 则表示的轮胎车轮尺寸为 16 英寸。

6. 载荷指数

轮胎标记 225/55 R16 95W 中的数字 95 是载荷指数。这个数字说明一个全充气的轮胎能够支撑的最大载荷量。你也可以在轮胎侧壁的其他位置处找到以磅力或公斤力为单位的最大载荷量的压印标值。

载荷指数为 95 的轮胎能够支撑 690 kg 的最大载荷量，如图 3-43 所示。其他载荷指数对应的最大载荷量见图 3-43 右侧所列数据。

91= 最大载荷 615 kg
92= 最大载荷 630 kg
93= 最大载荷 650 kg
94= 最大载荷 670 kg
95= 最大载荷 690 kg
96= 最大载荷 710 kg
97= 最大载荷 730 kg
99= 最大载荷 775 kg
104= 最大载荷 900 kg
106= 最大载荷 950 kg

▲ 图 3-43 载荷指数标记及其对应最大载荷量

7. 速度额定值

速度等级只适用于轮胎充足气的条件下，充气未足的轮胎不能达到其速度等级额定值。速度代码是一个通常在 P 和 Z 之间的字母，速度代码限定轮胎的速度额定值。

速度代码与限定车速的对应关系如表 3-5 所示：

225/55 R16 95W 中的字母 W 是速度额定值代码，它表示了在正常状态下最大速度的标准值。W 表示轮胎能够承受 270 km 每小时的最大额定速度。其他字母对应的速度额定值见表 3-5。

表 3-5 速度等级

速度标志	最高车速km/h	速度标志	车速km/h
P	150	U	200
Q	160	H	210
R	170	V	240
S	180	W	270
T	190	Y	300
		ZR	超过 240

8. 其他典型的轿车轮胎数据和标识

1）转动方向标识

高速轮胎只能向车辆前进的方向转动，必须要加以注意。轮胎胎侧上标有转动方向箭头，如图 3-44 所示。错误的安装将影响轮胎的性能。

▲ 图3-44 轮胎转动方向标识

▲ 图3-45 安全轮胎RSC标识

2)安全轮胎(漏气保用轮胎)RSC

安全轮胎可以使司机在一个或多个轮胎损失气压的情况下,仍然能安全地操纵汽车。这种轮胎有较厚的帘布层侧壁,不像标准轮胎那样容易变形。这能让轮胎在气压下降或零气压时,能够以一定的速度行驶长达50 km,其标识RSC如图3-45所示。

安全轮胎必须安装在带高胎缘唇口的特制车轮上,如果安装在其他类型的车轮上,一旦轮胎气压偏低,安全轮胎可能无法正常工作。

3)最大胎压

轮胎的气压是以千帕(kPa)或磅力每平方英寸(psi)或千克每平方厘米(kg/cm^2)来表示。

"Max load and pressure"(最大载荷和胎压)是表示制造厂商规定该轮胎能够承受的最大载荷和最大充气压力。当对轮胎进行充气时,应该参照车辆标牌中的数据。此标牌通常在驾驶员侧的门框上、手套箱内侧或者用户手册中,如图3-46所示。

▲ 图3-46 安全最大胎压标识

【器材准备】

科鲁兹轿车和举升机

常用工具一套

轮胎深度尺

轮胎气压表

任务实施

说明：做好准备工作，安装车外三件套。

警告：

（1）检查轮胎务必戴上手套，以避免轮胎上的嵌入物划伤。

（2）在排气隔热罩周围作业时要小心。隔热罩可能有锐边，如果不小心接触，会导致人员受伤。务必在隔热罩上暂时安装护盖以降低受伤的风险。

一、举升车辆至合适位置

（1）举升机使用时，注意支撑柱所顶车辆合适位置。

（2）举升机举起到合适位置后，进行锁止。

二、轮胎外观检查

（1）检查裂纹或损坏：检查轮胎胎面和胎面是否有裂纹、割痕、鼓包及异常磨损，如图 3-47 所示。

（2）检查嵌入金属颗粒或其他异物：检查轮胎胎面和胎面是否嵌入金属颗粒、石子或其他异物，如图 3-48 所示。

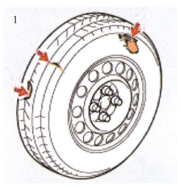

▲ 图 3-47　检查裂纹或损坏

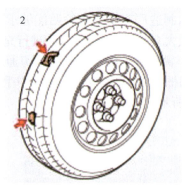

▲ 图 3-48　检查嵌入金属颗粒或其他异物

（3）使用轮胎深度尺分别测量轮胎周长上胎面沟槽深度，以最小值作为判断依据，当花纹深度小于 1.6 mm 必须更换轮胎，如图 3-49 所示。

▲ 图 3-49　胎面沟槽深度

三、轮胎气压检查

（1）查询标注轮胎信息标牌中的轮胎气压值。位于驾驶员侧的门框上、手套箱内侧或者用户手册中，如图 3-50 所示。

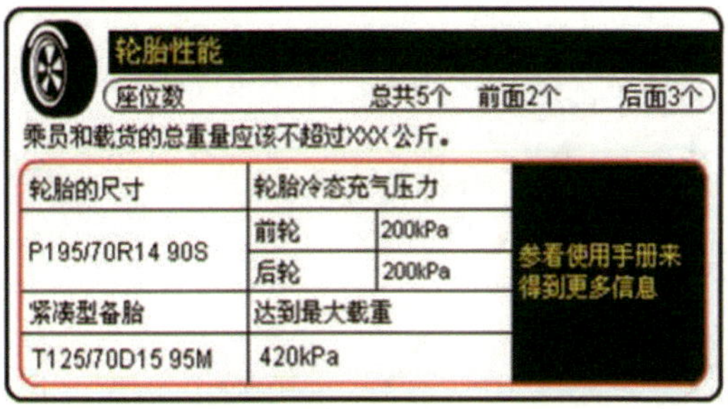

▲ 图 3-50　轮胎气压铭牌

▲ 图 3-51　检查轮胎气压

（2）使用轮胎气压表测量轮胎气压并与标准气压比较，过低或过高都需要进行调节，如图 3-51 所示。

（3）检查轮胎漏气：检查气压后，通过在气门芯周围涂肥皂水检查是否漏气（如图 3-52 所示）。

▲ 图 3-52　检查轮胎漏气

拓展学习

胎压检测系统简介

1. 胎压检测系统概述

车辆静止时，传感器内部加速计未启动，从而使传感器进入静止状态。在这种状态下，传感器每 30 秒钟采样轮胎气压一次，如果轮胎气压不变，则不进行发射。随着车速的增加至高于 20 km/小时（15 英里/小时），离心力启动传感器内部加速计，从而导致传感器进入滚动模式。如果车身控制模块的电源被切断或车辆蓄电池被断开，每个轮胎气压传感器识别码都被保留但所有的轮胎气压信息都将丢失。在这些情况下，驾驶员信息中心将显示所有的破折号且故障诊断仪将为每个轮胎指示一个默认的轮胎气压值 1 020 kPa（148 磅力/平方英寸）。当以高于 20 km/小时（15 英里/小时）的速度驾驶车辆至少 2 分钟后，将启动传感器，使驾驶员信息中心显示当前轮胎气压。同时车身控制模块可以在轮胎气压监测系统中检测到故障，并设置一个故障诊断码，组合仪表上的轮胎气压监测指示灯图标将闪烁 1 分钟，在点火开关置于 ON 位置且组合仪表灯泡检测完成之后，指示灯图标将保持点亮。如检测到任何故障，驾驶员信息中心将会显示一个维修轮胎监测系统的信息。

2. 轮胎气压监测系统组成元件（如图 3-53 所示）

1）胎压监测系统组成于两个模块

（1）遥控功能执行器模块。

（2）自动学习模块。

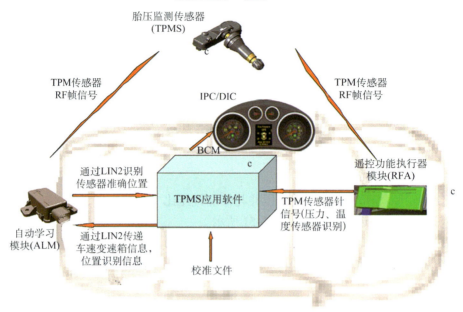

▲ 图 3-53 轮胎气压检查系统组成

2）四个胎压监测传感器。
3）位于 BCM 中的应用软件。

3. 获得胎压信息

传感器安装在轮胎内部，发送带有识别信息、压力和温度的 RF 信号，遥控功能执行器模块（RFA）能接收传感器的信号，但它没有进一步处理信号的能力，只是简单地把传感器的数据发送给位于 BCM 中的 TPMS 应用软件，由 BCM 中的应用软件按照相应的运算法则来进行处理，发送过来的轮胎的相对位置则由 ALM 决定，最后由 BCM 将相应的信息发送给仪表盘和驾驶员信息中心。

任务二　汽车悬架系统检查

任务描述

某雪佛兰特约维修站为一辆 1.6 L 科鲁兹进行保养，需进行汽车悬架系统检查。

任务准备

【知识准备】

一、悬架的功能及组成

悬架是车辆上的一个重要的系统，它连接车身和车轮，悬架系统是车架（或承载式车身）

和车桥（或车轮）之间的传力连接装置的总称，对车辆的行驶安全至关重要（如图 3-54 所示）。车辆的操纵性能，如：转弯、停车、方向的稳定性、轮胎与地面的控制，都取决于悬架系统是否能正常工作。

1. 悬架的功能

不同的悬架系统在结构上不尽相同，但是它们都具有相同的基本功能：支承车身，并使车身和车轮之间保持适当的几何关系；车辆行驶时，悬架与轮胎一起吸收和缓冲因路面不平所造成的各种振动、摇摆和冲击，从而保护乘客和货物的安全，并改善驾驶的稳定性；将路面和车轮之间摩擦所产生的驱动力和制动力传递至底盘和车身。

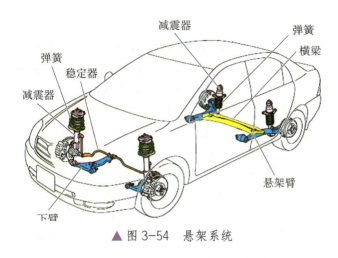

▲ 图 3-54　悬架系统

2. 悬架的组成

现代汽车的悬架系统虽然有不同的结构形式，但一般是由弹性元件，减振器和导向机构三部分组成，它们不但分别起着缓冲、减振和导向的作用，还共同起着传递力的作用。

二、悬架的类型

大部分 F/F（前置发动机前桥驱动）轿车都是用图 3-55 所示的悬架：

前悬架——麦弗逊滑柱式独立悬架；

后悬架——纵臂扭矩梁非独立悬架。

1. 麦弗逊滑柱型（如图 3-56 所示）

这是中小型车辆的前悬架最广泛使用的独立悬挂系统，这种类型也用

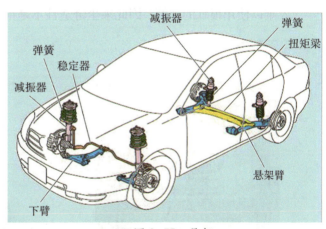

▲ 图 3-55　悬架

于 FF 车的后悬架。其优点主要是：

① 悬架结构相对简单。

② 因为零件少、重量轻，所以可减少非悬挂重量。

③ 因为悬架占用空间小，可增加发动机室的可用空间。

④ 因为悬架支撑点之间距离大，可使由安装误差或零件制造的误差对前轮定位的干扰小。因此，除了车轮前束外，一般不需要定位调整。

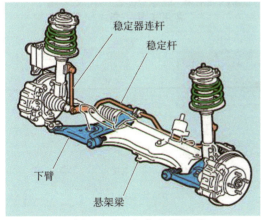

▲ 图 3-56　麦弗逊滑柱型

2. 纵臂扭矩梁型悬架（如图3-57所示）

这种类型主要用于前置发动机前轮驱动（FF）汽车的后悬架，采用由焊接在可扭转的桥梁上的悬架臂和稳定杆构成的结构（有些型号没有稳定杆）。

由于其简单的结构和紧凑的尺寸，可减少非悬挂重量以获得较好的乘坐舒适性。此外，还能保证大的行李仓空间。

当横摇（如在转弯和在高低不平的道路上行驶时）发生，横向稳定杆虽随梁扭转，但也因稳定杆的作用减少了横摇，从而保持了车辆稳定性。

当举升汽车时，不能用千斤顶或类似的工具顶升扭矩梁。

3. 平行钢板弹簧型

这种类型悬架用于卡车和大客车的前悬梁，以及商务车的后悬架。性能特点包括：

① 悬架结构简单但强度比较高。

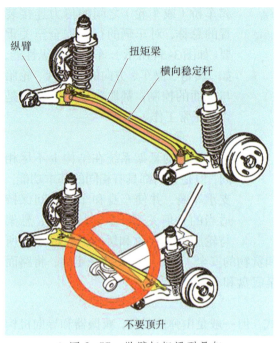

▲ 图3-57 纵臂扭矩梁型悬架

② 难以使用很软的弹簧，因此乘坐舒适性不是很好。

【器材准备】

科鲁兹轿车和举升机

常用工具一套

扭力扳手

任务实施

说明：做好准备工作，安装车外三件套。

警告：

（1）检查底盘部件时务必戴上手套，以免异物损伤手部。

（2）在排气隔热罩周围作业时要小心。隔热罩可能有锐边，如果不小心接触，会导致人员受伤。务必在隔热罩上暂时安装护盖以降低受伤的风险。

一、举升车辆至合适位置

（1）举升机使用时，注意支撑柱所顶车辆合适位置。

（2）举升机举起到合适位置后，进行锁止。

二、悬架部件检查

1）检查悬架的下述组件（如图 3-58 所示）有无损坏，如图 3-59 所示。

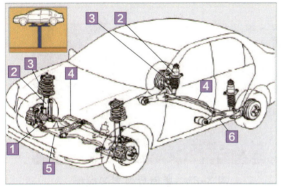

1—转向节；2—减振器；3—螺旋弹簧；
4—横向稳定杆；5—下臂；6—纵臂和后桥梁

▲ 图 3-58 悬架部件

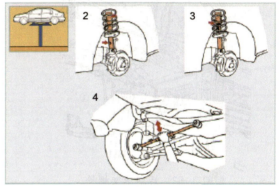

▲ 图 3-59 悬架检查

2）减振器损坏

检查减振器外表有无凹痕，检查防尘罩有无裂纹或其他损伤。如有损坏应更换减振器。

3）减振器漏油

即使轻微渗漏也是不允许的。因此减振器下部有油泥就是漏油了。漏油的减振器必须更换。

4）连接摆动

用手晃动悬架连接接头来检查衬套是否磨损或有裂纹。检查连接处摆动及连接有无损坏。

三、底盘部分螺栓检查

（1）使用扭力扳手和 21 mm 套筒如图 3-61 所示，紧固 4 个前副车架螺栓（如图 3-60 中的①、②所示）至 160 N·m。

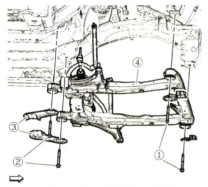

▲ 图 3-60　前副车架螺栓

▲ 图 3-61　紧固前副车架螺栓

（2）使用扭力扳手和 18 mm 套筒如图 3-63 所示，紧固 8 个后副车架螺栓（如图 3-62 中的②所示）至 90 N·m。

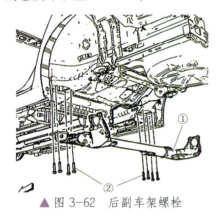

▲ 图 3-62　后副车架螺栓

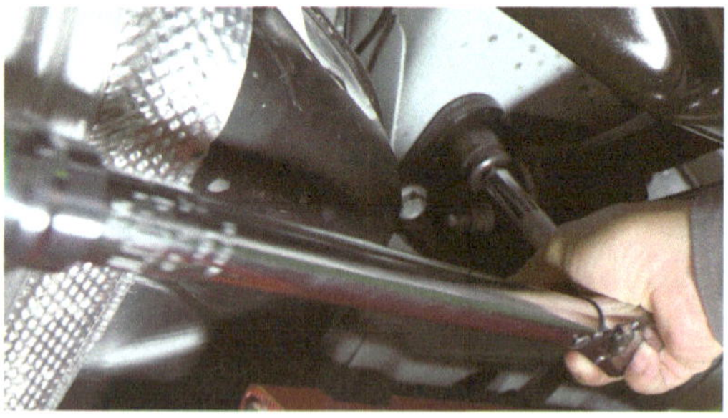

▲ 图 3-63　紧固后副车架螺栓

（3）使用扭力扳手和 18 mm 套筒及 18 梅花扳手如图 3-65 所示，将 4 个后下控制臂螺栓紧固至 70 N·m（如图 3-64 中的①所示）。

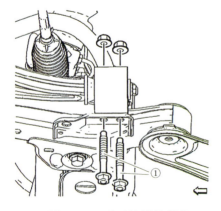

▲ 图 3-64　后下控制臂螺栓

▲ 图 3-65　紧固后下控制臂螺栓

（4）使用扭力扳手和 16 mm 套筒将 2 个前下控制臂螺栓紧固至 90 N·m（如图 3-66 中的①所示）。

（5）使用扭力扳手和 21 mm 套筒如图 6-68 所示，将 2 个后下减振器螺栓紧固至 150 N·m（如图 3-67 中的①所示）。

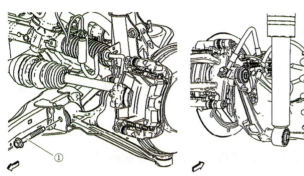
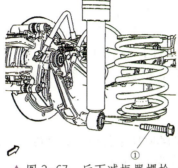

▲ 图 3-66　紧固后下控制臂螺栓　　▲ 图 3-67　后下减振器螺栓　　▲ 图 3-68　紧固后下减振器螺栓

拓展学习

（1）带钢板弹簧的后悬架螺纹件的检查（如图 3-69 所示）

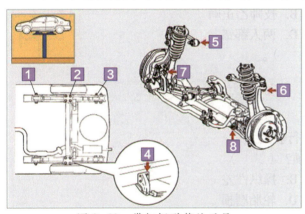

1 卷耳销螺母
2 形螺栓固定螺母
3 吊耳螺母
4 铆钉

（2）双叉形摆臂式悬架：
5 上臂 × 车身
6 转向节 × 上臂
7 横向稳定杆 × 连杆
8 下臂 × 横梁

图 3-69　带钢板弹簧的后悬

（3）FR（前置发动机后轮驱动）车辆传动轴螺纹件的检查（如图 3-70 所示）：
1 中间轴承支架安装螺栓
2 法兰固定螺母
3 驱动轴法兰固定螺母（后驱动轴）

图 3-70　车辆传动轴

练习与检测

一、判断题

（1）现在一般汽车均采用高压胎。　　　　　　　　　　　　　　　（　）
（2）一般汽车的前轮比后轮的气压高。　　　　　　　　　　　　　（　）
（3）轮胎175/70HR13，13表示轮辋直径13inch。　　　　　　　　　（　）
（4）减振器有轻微漏油是允许的，无需更换。　　　　　　　　　　（　）
（5）车辆在高速公路行驶时，轮胎压力应该适当调低，以免由于轮胎温度升高而导致胎压过高而爆裂。　　　　　　　　　　　　　　　　　　　　　　　　（　）

二、单选题

（1）关于轮胎规格195/60 R14 86 H中各数字或字母含义，叙述正确的是（　　）。

A. 195表示轮胎的断面高度为195 mm

B. 60表示轮胎断面的高宽比

C. H代表轮胎直径

D. R代表了半径

（2）技师甲说轮胎压力过低会增加发动机的油耗；技师乙说轮胎压力过低会造成轮胎中部磨损，说法正确的是（　　）。

A. 技师甲正确　　　　　　　　B. 技师乙正确

C. 两人都正确　　　　　　　　D. 两人都错

（3）检查轮胎压力，正确的操作是（　　）。

A. 热胎检查

B. 冷胎，行驶1.6 km以下

C. 可通过目测检查，不必使用气压表

D. 轮胎气压尽可能地高，这样可降低行驶阻力

（4）轮胎气压不足不会造成下列哪一项？（　　）

A. 轮胎过载　　　　　　　　　B. 操纵性差

C. 轮胎爆胎　　　　　　　　　D. 轮胎磨损

（5）以下这些情况，不需要更好新轮胎的是哪一项？（　　）

A. 轮胎上至少3处露出了磨损指示标记

B. 轮胎被扎破

C. 轮胎橡胶露出了帘线或帘布

D. 胎面厚度还有1.6 mm

模块四　制动系统检查

学习目标

1. 能按照规范检查制动液液面高度及含水率。
2. 能检查制动管路状况。
3. 能按照规范检查制动踏板高度及自由行程。
4. 能按照规范检查汽车驻车制动装置。
5. 能按照规范检查制动摩擦片厚度。
6. 具有良好的技术交流、团队合作和环境保护意识。

学习导入

车辆的制动系统是整车的安全保证，再强大的动力系统，再优越的操控性能，没有有力的制动系统的帮助，都是没有意义的。

制动性能的好坏，会影响到汽车的行驶速度和运输效率，如果制动系统出现问题，会导致车速下降，油耗增加，还可能造成事故。所以需要定期对制动系统进行维护，保障其处于良好的工作状态，才能使得车辆正常行驶，保障车辆行驶的安全性和舒适性。

通过参相关车辆的保养手册，使用工具按照规范检查制动液液面高度及含水率、制动管路状况、制动摩擦片厚度、制动踏板高度及自由行程、驻车制动装置，并对客户提出车辆使用注意事项和建议。

任务一　制动系统的常规检查

任务描述

某雪佛兰特约维修站为一辆 1.6 L 科鲁兹进行保养，需进行制动系统的常规检查。

任务准备

【知识准备】

一、制动液特点概述

1. 对制动液性能的要求

制动液是在液压制动系统中传递制动力的液体。对汽车制动液的性能要求是：黏温性好

（黏度随温度变化小）、凝固点低，低温流动性好；沸点高（高温下不产生气阻），使用中品质变化小，并且不会引起金属件和橡胶件的腐蚀和变质，吸湿性低。

这些需要对制动液提出了很高的要求。在目前的技术经济条件下，中/小型乘用车上绝大多数是用DOT3、DOT4型制动液。

2. DOT型制动液简介

（1）DOT是美国运输部的英文缩写。美国运输部对汽车制动液制定了一系列标准，国际上已公认了DOT制动液标准。例如对采用DOT3制动液标准的制动液称为DOT3制动液。按DOT标准最低沸点（℃）列出了表3-6。

表3-6 制动液

型号	材质	色泽	干沸点	湿沸点
DOT3	乙二醇基	无色或淡黄	≥205℃	≥140℃
DOT4	硼酸树脂基	无色或淡黄	≥221℃	≥160℃
DOT5	硅酮基	紫色	≥266℃	≥188℃

（2）DOT3制动液

具有良好的密封性和与橡胶配合性，优良的低温流动性和抗高温气阻性、凝固点低，使用中品质变化小，并且不会引起金属件和橡胶件的腐蚀和变质，吸湿性低，价格低，目前采用最多。

（3）DOT4制动液

性能与DOT3相似，但它具有很高的干沸点和湿沸点，价格高于DOT3制动液，主要用于欧洲车。

（4）DOT5制动液

沸点高，适于频繁使用制动的汽车，性能高于DOT3、DOT4型制动液。但如果用它代替原厂规定用DOT3的车辆，却可能会降低制动性能和耐久性能。所以不能改变原厂规定的制动液型号。

3. 制动液的更换间隔

即使正常使用，每隔一定的行驶里程（或使用时间）就应更换制动液。

因为在使用过程中因制动的高温可能引起制动液变质，由于储液罐热胀冷缩的呼吸，空气中的水分会混入制动液内，这些会导致制动液性能下降，由于没有简易而可靠地判断制动液性能的方法，为了安全，必须定期更换制动液，更换期限如表3-7所示。

表3-7 制动液更换间隔

车型	更换间隔	型号
别克凯越	30 000 km/18个月（先到为准）	DOT3
大众帕萨特	24个月	DOT4
大众桑塔纳	50 000 km/24个月	DOT4
丰田卡罗拉	40 000 km/24个月	DOT5

二、液压制动系统概述

（1）液压制动系基本组成，如图 3-71 所示。

液压制动系主要零部件有：制动总泵（主缸）、制动分泵（轮缸）和车轮制动器、制动助力器、制动力调节装置以及制动管道等。

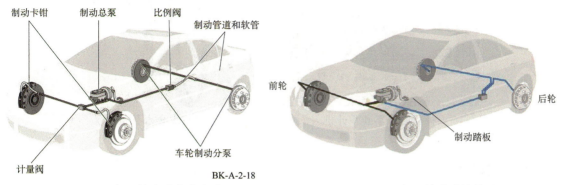

▲ 图 3-71　液压制动系基本组成　　　　▲ 图 3-72　液压制动系统管路

（2）液压制动系统管路，如图 3-72 所示。

在液压制动系统中，制动管路对角分布，一个出口连接于左前和右后制动器回路，另外一个出口则连接于右前和左后制动器回路。在制动过程中，若一个对角回路出现故障，不管是哪个回路，整车仍有 50% 的制动效能。

三、制动片

1. 制动片简介

制动片位于卡钳和制动盘之间。当被挤压在制动盘上时，制动片产生摩擦力，使车辆停止行驶。

制动片是由表面带摩擦材料的钢板制成。它位于盘式制动器的制动盘两侧，卡钳的内侧。踩下制动踏板后，制动片被迫压紧在制动盘的表面。依靠摩擦力制动汽车，如图 3-73 所示。

▲ 图 3-73　刹车片

2. 制动片检查

每行驶 15 000 km 检查一次制动衬块的厚度。

只要进行了拆卸车轮或轮胎换位等操作就要检查一次制动衬块。

查看卡钳两端检查外衬块两端，磨损最大部位通常出现这些位置。

检查内制动衬块的厚度以确保制动衬块尚未被过度磨损。有些制动衬块有一个与衬块模压在一起的隔热层，切勿将该隔热层与不均匀的车内车外衬块磨损混为一谈。透过卡钳顶部的检查孔可观察内制动衬块的厚度。

当制动衬块被磨损到厚度小于 7 mm 时，应同时更换同一轴所有的制动衬块。

【器材准备】

科鲁兹轿车和举升机

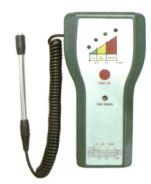
制动液含水量检测仪

任务实施

说明：做好准备工作，安装车外三件套。

警告：

（1）制动液会刺激眼睛和皮肤。一旦接触，应采取以下措施：

① 如不慎入眼——用清水彻底清洗。

② 如接触皮肤——用肥皂和清水清洗。

③ 如吸入——立即就医。

（2）制动液存放在清洁、密封的制动液容器中，如同等产品 DOT3 的制动液。请勿使用开口容器，否则可能形成受水污染的制动液。使用不合适或受污染的制动液会导致部件损坏或制动失灵，还有造成人身伤害的危险。

（3）切勿用干刷或压缩空气清理车轮制动零件。有些车型或售后加装的制动零件可能含有一定的石棉纤维，可能混在粉尘中。吸入含有石棉纤维的粉尘会严重损害身体。请用湿抹布清理制动零件上的任何粉尘。

一、检查制动液高度

（1）将车辆停在水平地面上。

（2）目视检查制动液液位，必须在 MIN 和 MAX 标记之间，如图 3-74 所示。

（3）观察制动液液面高度是否在最高刻线和最低刻线之间。

▲ 图 3-74　目视检查制动液液位

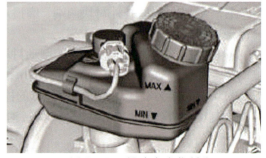
▲ 图 3-75　制动液液位刻线

如果制动液液面低于最低刻线，添加制动液使液面高度正常。虽然制动衬块磨损会导致储液罐液面轻微下降，但若液面过低，则表明系统有泄漏。正常液面应在MIN与MAX两线之间，如图3-75所示。

（4）踩压踏制动踏板5~10次。

（5）检查主缸缸体是否存在渗漏或表面潮湿。

如果制动缸体没有损坏，那么在10分钟后再检查制动液的液面高度。如果液面高度已经降得很低了，检查液压系统是否存在外部泄漏。

二、制动液含水量检查

（1）用手拧开制动液储液罐盖，如图3-76所示。

（2）打开制动液检测笔保护盖，用干净的抹布清洁测试端子，如图3-77所示。

▲ 图3-76　拧开制动液储液罐盖

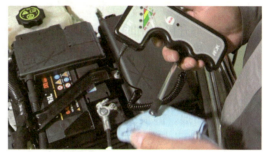
▲ 图3-77　清洁测试端子

（3）将制动液检测笔插入制动液储液罐，按开测按钮，如图3-78所示。

（4）读取数值，含水量在1%~2%制动液无需更换，大于2%则需要更换制动液，如图3-79所示。

▲ 图3-78　按开测按钮

▲ 图3-79　读取数值

（5）取出制动液检测笔并清洁残留制动液并盖上保护帽，如图3-80所示。

▲ 图3-80　制动液检测仪归位

（6）用手拧回制动液储液罐盖，如图3-81所示。

▲ 图3-81　拧回制动液储液罐盖

三、举升车辆至合适位置

（1）举升机使用时，注意支撑柱所顶车辆合适位置。
（2）举升机举起到合适位置后，进行锁止。

四、检查制动管路

（1）检查制动管路各接头处有无制动液渗漏，管路有无凹痕，拆痕或其他损坏，软管是否扭曲、磨损、开裂、凸起等（如图3-82所示）。

提示：如果防护盖上有飞石痕迹，制动管路可能有相同的损伤。

（2）检查制动管路安装情况。车辆行驶时，或转向盘向任一侧面转到底时，制动管路和软管都不会因摆动而与车轮或车身相碰。

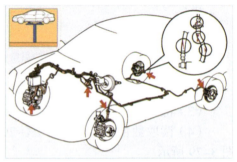

▲ 图3-82　检查制动管路

五、就车目视检查制动片

使用灯光，通过车轮辐条空隙目视检查制动片厚度。
（1）目视检查外侧制动片厚度，如图3-83所示。
（2）目视检查内侧制动片厚度，如图3-84所示。

▲ 图3-83　外侧制动片厚度　　　　▲ 图3-84　内侧制动片厚度

拓展学习

原地就车检查卡罗拉制动系统有无泄漏

1. 检查总泵储液罐液面

虽然制动衬块磨损会导致储液罐液面轻微下降，但若液面过低，则表明系统有泄漏。正常液面应在 MIN 与 MAX 两线之间（如图 3-85 所示）。

液压系统的泄漏分内部泄漏和外部泄漏，可按下列程序来检查。

2. 检查总泵

检查总泵铸造壳体是否开裂或有泄漏，有一滴制动液都表明有泄漏。仅潮湿属于正常。

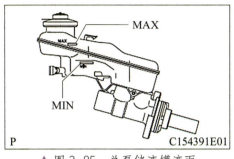

▲ 图 3-85 总泵储液罐液面

3. 怠速时检查有无泄漏（如图 3-86 所示）

发动机怠速时挂空档，用脚以恒定力踩住踏板，如果踏板会慢慢下降，说明系统有泄漏。

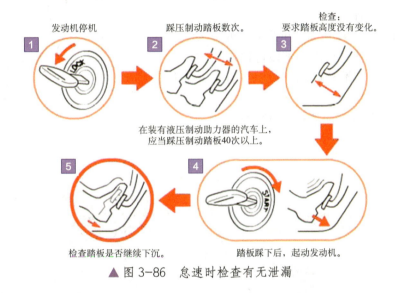

▲ 图 3-86 怠速时检查有无泄漏

任务二　制动踏板自由行程检查

任务描述

某雪佛兰特约维修站为一辆 1.6 L 科鲁兹进行保养，需进行汽车制动踏板自由行程检查。

任务准备

【知识准备】

一、制动踏板

1. 制动踏板工作过程

制动踏板与制动总泵相连，是制动系统中的第一个零部件。当驾驶员踩下制动踏板时，

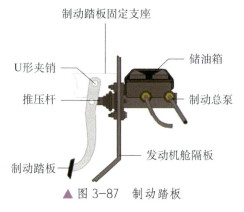

▲ 图 3-87 制动踏板

作用力以机械的方式传送到踏板连杆。制动踏板总成起一个杠杆臂的作用，向制动总泵活塞施加放大的作用力。当驾驶员踩下踏板时，制动灯开关将后制动灯点亮，同时总泵活塞移动。因为制动液不能压缩，以液压力的形式传给整个制动系统各个制动分泵，使制动分泵推动制动器中的摩擦片紧压在制动鼓或盘上，产生制动作用。如图 3-87 所示。

二、制动踏板自由行程

制动踏板自由行程（如图 3-88 所示）对防止制动"发咬"是十分必要的。

踏板虽移动，但制动压力并未上升到那段踏板行程。具体说来是以下两段行程之和：

行程 a. 你用手指轻按踏板时，踏板的运动先要克服推杆 U 型夹销与踏板 U 型夹的间隙的那段行程；

行程 b. 再就是推杆运动了，但制动液压尚未上升到那段行程。

行程 a+ 行程 b= 制动踏板自由行程

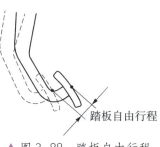

▲ 图 3-88 踏板自由行程

【器材准备】

科鲁兹轿车和举升机

常用工具一套

直尺

踏板测力计

任务实施

说明：做好准备工作，安装车内三件套。

警告：
（1）进入车内未经允许，不可随手触摸车辆换档杆或者起动车辆。
（2）未经允许不可随意使用车辆附件及车辆内饰。

一、检查制动踏板行程

（1）将车辆停在水平地面上。
（2）关闭发动机，让制动器冷却下来。然后踩动踏板 2~3 次，排除助力器中残余的真空度，再安装一个踏板操纵力测量仪；如图 3-89 所示。
（3）用直尺测量并记录不踩踏板时从制动踏板到地板之间的距离；如图 3-90 所示。

▲ 图 3-89 踩制动踏板 2—3 次

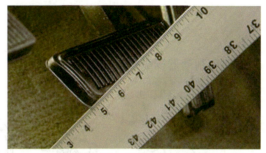
▲ 图 3-90 踏板到地板距离

（4）在安装踏板操纵力测量仪上施加大约 4.5 MPa 的压力，参看车辆维修手册的相关数据；如图 3-91 所示。

▲ 图 3-91 施加压力

▲ 图 3-92 测量数据

（5）在相应压力下，测量并记录从制动踏板到地板之间的距离；如图 3-92 所示。
（6）两次测量数据的差值，即为制动踏板行程。

二、检查制动踏板自由行程

（1）用手轻按踏板直到稍有阻力才停止，测量此时踏板与地板之间的距离，如图 3-93 所示。
（2）测量数值与不踩踏板时从制动踏板到地板之间的距离之间的差值，即为制动踏板自由行程。

▲ 图 3-93 用手轻按踏板

任务三　驻车制动系统检查

任务描述

某雪佛兰特约维修站为一辆 1.6 L 科鲁兹进行保养，需进行汽车驻车制动系统检查。

任务准备

【知识准备】

驻车制动器操纵装置概述

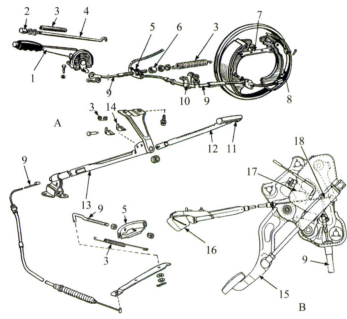

A—手动驻车操纵装置
B—脚动驻车操纵装置
1—操纵杆
2—释放按钮
3—回位弹簧
4—释放杆
5—平衡臂
6—隔套
7—驻车制动器撑杆
8—驻车制动器杠杆
9—拉索
10—拉索支架
11—操纵手柄
12—棘爪拉杆
13—导杆
14—棘爪
15—制动器踏板
16—释放手柄
17—驻车制动灯开关
18—空气缓冲器

图 3-94　驻车操纵装

（1）驻车制动器的操作机构的形式，如图 3-95 所示。

杆式：主要在轿车和商用车辆中使用。

手柄式：在一些商用车辆中使用。

踏板式：在一些轿车和高档车辆中使用，用踏板操作释放。

（2）驻车制动的使用。

驻车制动器是用于保持车辆停止状态用的，必要时也用于坡道起步和紧急制动用。

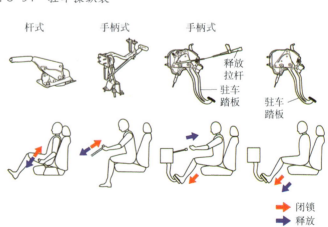

图 3-95　驻车制动器的形式

大多数驻车制动装置都用手动驻车操纵装置,也有少部分车用脚动驻车操纵装置。

车辆使用中,由于制动蹄或制动衬块磨损,驻车制动器会制动效果会变差,通常都可以通过调整来恢复。

【器材准备】

科鲁兹轿车和举升机

常用工具一套

任务实施

说明:做好准备工作,安装车内三件套。

警告:

(1)进入车内未经允许,不可随手触摸车辆换档杆或者起动车辆。

(2)未经允许不可随意使用车辆附件及车辆内饰。

一、举升车辆至合适位置

(1)举升机使用时,注意支撑柱所顶车辆合适位置。

(2)举升机举起到合适位置后,进行锁止。

二、检查驻车制动器操纵杆行程

(1)释放操纵杆

(2)用200 N(20千克力)拉紧操纵杆,棘爪也应发出6~9声。如图3-96所示。

▲ 图3-96 拉紧操纵杆

拓展学习

电子驻车系统

1. 电子驻车系统概述

如图3-97所示,在电子驻车制动(EPB)系统中,制动器拉线由电子驻车制动控制模块

（EPBCM）内的电机拉动。中间控制台上一个电气开关可取代驻车制动器操纵杆。向上拉动开关使驻车制动器激活，组合仪表中的驻车制动警告灯点亮。向下推动开关使驻车制动器释放，警告灯熄灭。电子驻车控制模块的电机将拉线拉到右后轮制动钳上。平衡臂安装在拉线上并将拉线拉至左后轮。

▲ 图3-97 电子驻车制动系统结构图

2. 电子驻车系统功能：

（1）静态接合/分离；

（2）动态接合/分离；

（3）自动分离。

电源不足的情况下，电子驻车制动器将不能接合或释放。

3. 电子驻车制动器接合

车辆停止时，电子驻车制动器在任何时间都可能接合。通过瞬时升起电子驻车制动开关使电子驻车制动器接合。一旦完全接合，BRAKE（制动）灯将点亮。如果车辆运动时电子驻车制动器接合，系统将发出一声蜂鸣音，且驾驶员信息中心将显示"Release Park Brake Switch（松开驻车制动开关）"信息。如果BRAKE（制动）灯点亮，可能是电子驻车制动器结合，也可能是液压制动系统中有故障。如果制动灯闪烁，可能是电子驻车制动器部分接合或释放，也可能是电子驻车制动器有故障。驾驶员信息中心也将显示"SERVICEPARKINGBRAKE（维修驻车制动器）"信息。

4. 电子驻车制动器释放

为释放电子驻车制动器，点火开关置于ON或RUN位置，踩住制动踏板，并瞬时按下电子驻车制动开关。电子驻车制动器释放时，BRAKE（制动）灯熄灭。电子驻车制动器可用于防止配备了手动变速器的车辆在上坡时倒溜。在不期望倒溜的情况下，接合的电子驻车制动器将允许两只脚用于离合器和加速踏板，以准备起动车辆向预期的方向移动。在这种情况下，执行起动车辆所需的正常的离合器和加速踏板操作。不需要按下开关来释放电子驻车制动器。

练习与检测

一、判断题

（1）制动系统放气应该按下列顺序给车轮回路放气：右前、左前、右后、左后。（　　）

（2）制动系统中有空气渗入使汽车制动踏板偏软且物理制动效果差。（　　）

（3）一般在液压制动回路上，前轮与后轮制动过程中，前轮制动快，后轮制动慢。（　　）

（4）制动盘侧向摆差可能导致制动片磨损和踏板颤动。（　　）

（5）汽车制动效能随制动器温度升高而减弱。（　　）

二、单选题

（1）制动液压系统进行必须的修理后，以下哪种情况不要求对制动液压系统进行清洗？（　　）

A. 制动液含有水分 B. 系统内渗有空气
C. 制动液内有细小脏微粒 D. 制动液用错型号

（2）当车辆制动减速时，制动器把动能转变为（　　）。
A. 液压器 B. 机械力
C. 热能 D. 化学能

（3）踩下制动踏板时感觉发软，可能的原因是什么？（　　）
A. 液压系统中有空气 B. 制动摩擦片磨损过度
C. 助力器故障 D. 无故障、系统运行正常

（4）关于仪表板上制动警告指示灯的说法中错误的是（　　）。
A. 该灯亮起说明 ABS 系统出现故障
B. 制动液液过低时该灯会亮起
C. 踩下驻车制动踏板时该灯会亮起
D. 制动液液位过低且踩下驻车制动踏板时该灯也会亮起

项目四 汽车电气维护

项目导学

汽车电气设备在汽车行驶中起到很重要的作用,其工作性能的好坏直接影响汽车的正常工作,汽车电气的维护是一个很重要的工作,所以我们要认真学习,加强对汽车电气设备的结构、原理和特点的了解,掌握它们的实际工作状况,定期对它们维护保养,及时调整、更换,使我们的汽车电气设备更加可靠、更加安全的工作,延长使用寿命,提高经济效益,这将是我们大家都希望的。

本项目的主要任务:针对汽车常见的电气系统进行维护,包括汽车电源系统维护、汽车车身电气维护和汽车空调系统的维护等。如图4-1所示。

▲ 图4-1 汽车电气分布图

模块一　汽车电源系统维护

学习目标

1. 了解汽车蓄电池类型和结构。
2. 能检查汽车蓄电池电压。
3. 熟悉钳型电流表的结构及功用。
4. 能用钳型电流表检测蓄电池的起动电流。
5. 会正确使用充电机对蓄电池充电。
6. 具有严谨的质量意识和安全意识。
7. 具有良好的技术交流、团队合作和环境保护意识。

学习导入

汽车蓄电池（如图 4-2 所示）作为汽车电源系统重要的组成部分，决定了汽车能否顺利起动，它的使用寿命，很大程度上取决于它能否得到正确的维护，通过日常维护可以发现故障隐患，及时作出处理以保证电源系统的正常运行。所谓汽车电源系统的维护，主要是通过对蓄电池电压的检查、起动电流的检测以及必要时的充电、清洁和调整，以维护其最佳工作状态。

通过参考科鲁兹 1.6 L LDE 保养手册，使用专用工具和通用工具对汽车电源进行常规项目的检查，包括蓄电池电压、起动电流和充电情况等，同时对客户提出车辆使用注意事项和建议。

▲ 图 4-2　汽车蓄电池

任务一　使用万用表检查蓄电池电压

任务描述

有一辆科鲁兹 1.6 L 轿车（发动机型号 LDE），里程数有 20 000 km，据客户反映最近气温低，早晨起动车辆困难，而且状况越来越明显，请维修人员对汽车蓄电池电压进行检查。

任务准备

【知识准备】

一、汽车蓄电池功用

（1）供电：如在发电机不发电时工作（起动机起动时，为起动机、点火系统和其他用电设备供电；发动机停止运转时等）；在用电需求超过发电机供电能力时，蓄电池也参加供电。如图4-3所示。

（2）储电：发电机正常工作时，蓄电池将发电机发出的多余电能存储起来（充电）。

（3）稳压：蓄电池起到整车电气系统的电压稳定器作用，能缓和电气系统的冲击电压，保护汽车上的电子设备。

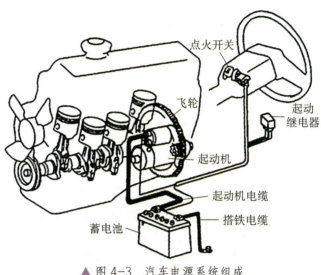

▲ 图4-3 汽车电源系统组成

二、蓄电池常见类型

汽车常用的蓄电池主要分为普通蓄电池、干荷蓄电池和免维护蓄电池三种（如图4-4所示）。普通蓄电池：在初次使用时需加注电解液，并充电。干荷蓄电池：全称是干式荷电铅酸蓄电池，初次使用时无需充电，加入电解液即可。免维护蓄电池：使用时无需加注和补充电解液，使用寿命一般为普通蓄电池的两倍。

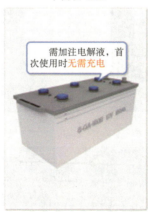

▲ 图4-4 汽车蓄电池常见类型

三、普通蓄电池的结构

普通蓄电池主要由正负极板、隔板、电解液、外壳、接线柱等组成。如图4-5所示。

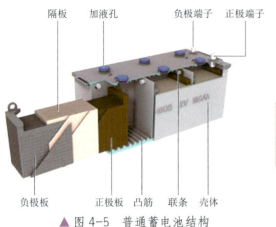

▲ 图 4-5 普通蓄电池结构　　　　　　▲ 图 4-6 国产蓄电池型号

四、国产蓄电池的型号

根据 JB2599-85 铅蓄电池产品型号编制方法，蓄电池型号由以下几部分组成：

（1）串联的单体电池数由阿拉伯数字表示。

（2）蓄电池类型蓄电池类型是根据其主要用途区分的，用字母表示。

（3）蓄电池特征附加部分，仅在同类用途产品中具有某种特征而在型号中必须加以区别时采用，用字母表示。

（4）额定容量是指蓄电池容量。单位为 A·h，用阿拉伯数字表示。另外，产品具有某些特殊性能时，可在相应产品型号的末尾注明，如图 4-6 所示。

【器材准备】

科鲁兹轿车和举升机

常用工具一套

场地准备

汽车专业万用表

任务实施

说明：当使用万用表时注意测量的项目和量程的选择，以免损坏万用表。同时做好准备工作，安装车外三件套。

（1）车轮挡块安装，如图 4-7 所示。

（2）尾气排放装置安装，如图 4-8 所示。

▲ 图 4-7　安装车轮挡块

▲ 图 4-8　安装尾气排放栓

（3）车内防护三件套安装，如图 4-9 所示。

（4）车外防护三件套安装，如图 4-10 所示。

▲ 图 4-9　安装车内三件套

▲ 图 4-10　安装车外三件套

注意事项：

确保关闭所有的用电设备。

（5）蓄电池外观检查

① 检查蓄电池壳体是否有裂纹、渗漏电解液现象。如果有，则更换蓄电池，如图 4-11 所示。

② 检查蓄电池正负极柱是否有腐蚀物，如有则用铜丝刷子清洁，如图 4-12 所示。

③ 检查蓄电池电缆接头与极柱和连接导线有无松动。如有，应紧固或更换电缆接头，如图 4-13 所示。

▲ 图 4-11　检查蓄电池外观

▲ 图 4-12 检查蓄电池接线柱腐蚀物

▲ 图 4-13 检查蓄电池接线柱安装情况

④ 用蘸有苏打水的清洁布清洁蓄电池外观，如图 4-14 所示。

注意事项：

清洁蓄电池外观时要带橡胶手套。

（6）蓄电池静态电压检查

① 将万用表的红黑表笔分别插入测试孔"VΩ"和"COM"。

② 将万用表电阻挡校零。

▲ 图 4-14 清洁蓄电池外部

③ 选择万用表的直流电压 20 V 挡，如图 4-15 所示。

④ 用铜丝刷子清洁正负极柱顶端及正负极电缆接头，如图 4-16 所示。

▲ 图 4-15 调节万用表

▲ 图 4-16 清洁蓄电池接线柱

⑤ 将红黑表笔与蓄电池正负极柱顶端连接。

⑥ 观察并记录电压读数。蓄电池正常电压值为 12~12.6 V。如图 4-17 所示。

⑦ 将万用表挡位选择开关置于 OFF 挡，并放于工具车上。

▲ 图 4-17 测量蓄电池电压

▲ 图 4-18 断开喷油泵电路

注意事项：

测电压时，表笔要接触蓄电池的极柱上方，不能与正负极电缆接头相连。

（7）蓄电池动态电压检查

① 拔下喷油器电源保险，如图4-18所示。

② 选择万用表的直流电压20 V挡，将万用表表笔连接在蓄电池两极柱之间。

③ 将点火开关转至"START"，并保持5秒，如图4-19所示。

④ 读取万用表最低电压显示值，正常时，蓄电池电压应大于或等于9.6 V，否则应用高率放电计或蓄电池性能检测仪进一步检查，以确定是否需要充电或更换蓄电池。

▲ 图4-19　检查启动电压

注意事项：

（1）起动时间不能超过10秒。

（2）再次起动测试时，要间隔15秒以上。

（8）清洁并整理场地。

拓展学习

电动汽车电池

电动汽车电池分两大类，即蓄电池和燃料电池。

蓄电池适用于纯电动汽车，包括铅酸蓄电池、镍基电池、钠硫电池、二次锂电池、空气电池。燃料电池专用于燃料电池电动汽车，包括碱性燃料电池（AFC）、磷酸燃料电池（PAFC）、熔融碳酸盐燃料电池（MCFC）、固体氧化物燃料电池（SOFC）、质子交换膜燃料电池（PEMFC）、直接甲醇燃料电池（DMFC）。

▲ 图4-20　电动汽车蓄电池

随着电动汽车的种类不同而略有差异。在仅装备蓄电池的纯电动汽车中，蓄电池的作用是汽车驱动系统的唯一动力源。而在装备传统发动机（或燃料电池）与蓄电池的混合动力汽车中，蓄电池既可扮演汽车驱动系统主要动力源的角色，也可充当辅助动力源的角色。可见在低速和启动时，蓄电池扮演的是汽车驱动系统主要动力源的角色；在全负荷加速时，充当的是辅助动力源的角色；在正常行驶或减速、制动时充当的是储存能量的角色，如图4-20所示。

任务二　使用钳式电流表检查蓄电池起动电流

任务描述

有一辆科鲁兹1.6 L轿车（发动机型号LDE），里程数有20 000 km，据客户反映该车很容易起动，停车较长时间后起动感觉启动马达运转无力，而且越来越明显，请维修人员对汽车蓄电池起动电流进行检查。

任务准备

【知识准备】

一、钳形电流表功用

钳形电流表是一种用于测量正在运行的电气线路的电流大小的仪表，可在不断电的情况下测量电流。钳形表可以通过转换开关的拨挡，改换不同的量程。但拨挡时不允许带电进行操作。钳形表一般准确度不高，通常为2.5～5级。为了使用方便，表内还有不同量程的转换开关供测不同等级电流以及测量电压的功能。

钳形电流表最初是通过用来测量交流电流的，但是现在万用表有的功能它也都有，可以测量交直流电压、电流，电容容量，二极管，三极管，电阻，温度，频率等。如图4-21所示。

▲图4-21　钳形电流表

二、钳形电流表类型

钳形电流表有模拟指针式和数字式两种。标准型的检测范围: 交流、直流均在20 A到200 A或400 A左右，也有可以检测到2 000 A大电流的产品；另有可检测数mA的微小电流的漏电检测产品以及可检测变压器电源，开关转换电源等正弦波以外的非正弦波的真有效值（TRUERMS）的产品。

三、钳形电流表基本结构和原理

钳形电流表实质上是由一件电流互感器、一把钳形扳手和一只整流式磁电系有反作用力仪表所组成。钳型表的工作原理和变压器一样。初级线圈就是穿过钳型铁芯的导线，相当于1匝的变压器的一次线圈，这是一个升压变压器。二次线圈和测量用的电流表构成二次回路。当导线有交流电流通过时，就是这一匝线圈产生了交变磁场，在二次回路中产生了感应电流，

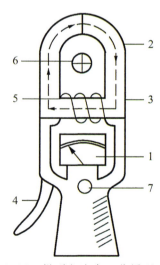

▲图4-22　钳形电流表工作原理示意图

电流的大小和一次电流的比例,相当于一次和二次线圈的匝数的反比。钳型电流表用于测量大电流,如果电流不够大,可以将一次导线在通过钳形表增加圈数,同时将测得的电流数除以圈数。

钳形电流表的穿心式电流互感器的副边绕组缠绕在铁心上且与交流电流表相连,它的原边绕组即为穿过互感器中心的被测导线。旋钮实际上是一个量程选择开关,扳手的作用是开合穿心式互感器铁心的可动部分,以便使其钳入被测导线,如图 4-22 所示。

四、选用和用前检查

(1)选用:它的精度及最大量程应满足测试的需要。

(2)用前检查:外观检查:各部位应完好无损;钳把操作应灵活;钳口铁心应无锈、闭合应严密;铁心绝缘护套应完好;指针应能自由摆动;挡位变换应灵活、手感应明显。

【器材准备】

科鲁兹轿车和举升机

常用工具一套

场地准备

钳形电流表

任务实施

说明:当使用钳形电流表时注意测量的项目和量程的选择,以免损坏钳形电流表。同时做好准备工作,安装车外三件套。

说明:当使用万用表时注意测量的项目和量程的选择,以免损坏万用表。同时做好准备工作,安装车外三件套。

(1)车轮挡块安装,如图 4-23 所示。

▲ 图 4-23 安装车轮挡块

▲ 图 4-24 安装尾气排放栓

（2）尾气排放装置安装，如图 4-24 所示。
（3）车内防护三件套安装，如图 4-25 所示。
（4）车外防护三件套安装，如图 4-26 所示。

▲ 图 4-25 安装车内三件套

▲ 图 4-26 安装车外三件套

注意事项：
确保关闭所有的用电设备。
（5）蓄电池外观检查
① 检查蓄电池壳体是否有裂纹、渗漏电解液现象。如果有，则更换蓄电池。如图 4-27 所示。
② 检查蓄电池正负极柱是否有腐蚀物，如有则用铜丝刷子清洁。如图 4-28 所示。

▲ 图 4-27 检查蓄电池外观

▲ 图 4-28 检查蓄电池接线柱腐蚀物

③ 检查蓄电池电缆接头与极柱和连接导线有无松动。如有，应紧固或更换电缆接头。如图 4-29 所示。

④ 用蘸有苏打水的清洁布清洁蓄电池外观，如图 4-30 所示。

▲ 图 4-29　检查蓄电池接线柱安装情况

▲ 图 4-30　清洁蓄电池外部

注意事项：
清洁蓄电池外观时要戴橡胶手套。

（6）蓄电池起动电流检查
① 选择适当的挡位（如图 4-31 所示）。

选挡的原则是：已知被测电流范围时，选用大于被测值但又与之最接近的那一挡；不知被测电流范围时，可先置于电流最高挡试测（或根据导线截面，并估算其安全载流量，适当选挡）、根据试测情况决定是否需要降挡测量。总之，应使表针的偏转角度尽可能地大。

② 测试人应戴手套，将表平端，张开钳口，使被测导线进入钳口后再闭合钳口。如图 4-32 所示。

▲ 图 4-31　选择钳形电流表挡位

▲ 图 4-32　夹装钳形电流表

▲ 图 4-33　读取启动电流值

③ 一人配合起动车辆，另一人员在起动瞬间读数：根据所使用的挡位，在数字式屏幕上读取读数，如图 4-33 所示。

④ 如果在最低挡位上测量，表针的偏转角度仍很小（表针的偏转角度小，意味着其测量的相对误差大），允许将导线在钳口铁心上缠绕几匝，闭合钳口后读取读数。这时导线上

的电流值＝读数÷匝数（匝数的计算：钳口内侧有几条线，就算作几匝）。

注意事项：

（1）被测线路的电压要低于钳表的额定电压。

（2）测高压线路电流时，要戴绝缘手套，穿绝缘鞋，站在绝缘垫上。

（3）钳口要闭合紧密不能带电换量程。

（4）清洁并整理场地。

拓展学习

使用高率放电计检查蓄电池性能

（1）将高率放电计的红色线夹夹持于蓄电池正接线柱上，将高率放电计的黑色线夹夹持于蓄电池负接线柱上。如图 4-34 所示。

▲ 图 4-34　连接高率放电计

▲ 图 4-35　读取电压值

（2）将按钮按下 10 秒后松开，待电压稳定，观察并记录读数。正常值在 10 V 以上，否则蓄电池亏电或蓄电池已损坏，如图 4-35 所示。

（3）将高率放电计的黑色线夹与蓄电池负接线柱分离，将高率放电计的红色线夹与蓄电池正接线柱分离。

（4）整理高率放电计并放置于工具车上。

注意事项：

按钮按下时间不得超过 10 秒，否则会烧坏高率放电计。

任务三　使用充电机对蓄电池进行充电

任务描述

有一辆科鲁兹 1.6 L 轿车（发动机型号 LDE），里程数有 20 000 km，据客户反映前段时间出差汽车停放了较长时间，汽车无法起动，经检查是蓄电池过度放电所导致的，请维修人员对汽车蓄电池电压进行检查。

任务准备

【知识准备】

一、汽车蓄电池定压充电

（1）恒压充电（定电压充电）：在充电过程中，充电电源电压恒定不变。汽车上是恒压充电，充电室的恒压充电（被充电池并联）每一支路的单格电池数相等。

（2）优缺点

① 优点：充电速度快，充电时间短，充电电流 IC 会随着电动势 E 的上升，而逐渐减小到零，使充电自动停止，不必人工调整和照管。

② 缺点：充电电流大小不能调整，所以不能保证蓄电池彻底充足电，也不能用于初充电和去硫化充电。

二、汽车蓄电池定电流充电

（1）定电流充电：在充电过程中，保持充电电流恒定的充电方法。（电池串联）此方法广泛用于初充电、补充充电和去硫化充电充电电流大小的选择一般分两个阶段。

（2）优缺点。

① 优点：充电电流可任意选择，有益于延长蓄电池寿命，可用于初充电和去硫化充电。

② 缺点：充电时间长，且需要经常调整充电电流。

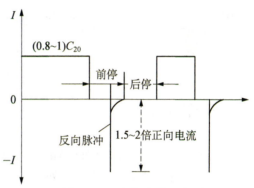

▲ 图 4-36　充电波形示意图

三、汽车蓄电池脉冲快速充电

（1）快速充电波形，如图 4-36 所示。

（2）优缺点

① 充电时间大大缩短；

② 可增加蓄电池的容量；

③ 去硫化显著，对极板的活性物质冲刷力强，易造成活性物质脱落。如图 4-37 所示。

四、蓄电池充电规定

（1）每 1~2 个月应将蓄电池从车上拆下，在充电室给予补充充电一次，以延长蓄电池寿命。

（2）带电解液存放的蓄电池每 1~2 个月补充充电一次，以防止硫化。

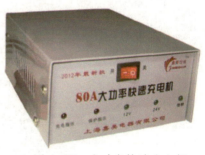

▲ 图 4-37　大功率快速充电机

【器材准备】

科鲁兹轿车和举升机

常用工具一套

场地准备

汽车充电机

任务实施

说明：当使用充电机时注意测量的项目和量程的选择，以免损坏充电机甚至造成意外事故。同时做好准备工作，安装车外三件套。

（1）车轮挡块安装，如图4-38所示。
（2）尾气排放装置安装，如图4-39所示。

▲ 图4-38 安装车轮挡块

▲ 图4-39 安装尾气排放栓

（3）车内防护三件套安装，如图4-40所示。
（4）车外防护三件套安装，如图4-41所示。
注意事项：
确保关闭所有的用电设备。

▲ 图 4-40　安装车内三件套

▲ 图 4-41　安装车外三件套

（5）拆卸蓄电池

①用棘轮扳手、短接杆、10 mm 长套筒拧松蓄电池上方压板的 2 个固定螺母，然后用手取下外侧的压板固定螺母，用手拧松内侧的压板固定螺母，将压板和钩形螺杆一同取下，并放置于工具车上，如图 4-42 所示。

②用 10 mm 梅花扳手拧松蓄电池负极接线柱固定螺母，取下负极电缆，并放置于合适位置，如图 4-43 所示。

▲ 图 4-42　拆卸蓄电池压板

▲ 图 4-43　拆卸蓄电池负极接线柱

③用 10 mm 梅花扳手拧松蓄电池正极接线柱固定螺母；取下正极电缆，并放置于合适位置，如图 4-44 所示。

④取出蓄电池，水平放置于工作台上。如图 4-45 所示。

▲ 图 4-44　拆卸蓄电池正极接线柱

▲ 图 4-45　放置蓄电池

注意事项：

①拆卸蓄电池正负极电缆接头时，必须先拆负极接头，再拆正极接头。

②取下蓄电池时，要防止跌落，严禁在地上拖拽、翻转。

（6）蓄电池充电

① 将充电机的输出电缆线正极与蓄电池正接线柱相连，充电机的输出电缆线负极与蓄电池负接线柱相连，如图 4-46 所示。

② 将充电机接在 220 V 的交流电源上。

③ 根据蓄电池的电压选择合适的电压量程，如图 4-47 所示。

▲ 图 4-46　连接蓄电池和充电机

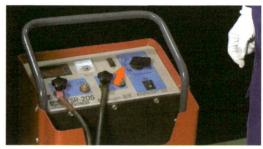

▲ 图 4-47　选择充电机电压

④ 将充电电流调到最小值。

⑤ 打开充电机的电源开关。

⑥ 选择合适的电流挡位，如图 4-48 所示。

⑦ 选择合适的充电时间。

⑧ 充电完毕，关闭充电机的电源开关，如图 4-49 所示。

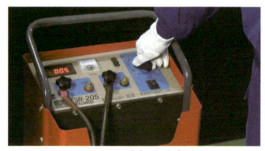

▲ 图 4-48　选择充电机电流

▲ 图 4-49　关闭充电机电源

⑨ 将充电机与 220 V 的交流电源断开。

⑩ 将充电机的输出电缆线负极与蓄电池负接线柱分离，充电机的输出电缆线正极与蓄电池正接线柱分离。

⑪ 整理充电机，放置于指定位置。

▲ 图 4-50　检查蓄电池支撑座脏污

▲ 图 4-51　检查蓄电池底座破损

注意事项：
① 充电时，附近不能有火花，禁止抽烟。
② 打开充电机的电源开关前，要确定充电电流调到最小值。

（7）安装蓄电池
① 检查蓄电池支撑座有无腐蚀或变形，如果有，应清洁或修复，如图4-50所示。
② 检查蓄电池底座有无裂纹和破损，如有，应更换，如图4-51所示。
③ 用苏打水去除蓄电池正负电缆接头上的污物。
④ 检查蓄电池型号是否正确，如图4-52所示。
⑤ 将蓄电池对正平放在底座的凹槽中。
⑥ 将钩形螺杆与支撑座相连，将压板两端的孔对正螺杆装入，并旋入2个螺母，如图4-53所示。

▲ 图4-52 检查蓄电池型号

▲ 图4-53 安装蓄电池盖板

⑦ 用棘轮扳手、短接杆、10 mm长套筒对称拧紧2个固定螺母。
⑧ 将蓄电池正负极电缆接头对正蓄电池极柱安装并按压到底。
⑨ 用10 mm梅花扳手拧紧固定螺母。拧紧力矩为5 N·m，如图4-54所示。

注意事项：
安装蓄电池电缆接头时应先安装正极、再装负极。

▲ 图4-54 安装蓄电池接线柱

（8）蓄电池电压检查
① 拔下喷油器电源保险。
② 选择万用表的直流电压20 V挡，将万用表表笔连接在蓄电池两极柱之间。
③ 将点火开关转至"START"，并保持5秒。
④ 读取万用表最低电压显示值，应大于或等于9.6 V，否则应更换蓄电池。

（9）复位
① 收音机、时钟复位。
② 三件套拆除。
③ 工具、设备清洁并归位。

（10）清洁并整理场地。

拓展学习

蓄电池分析仪测试原理及使用

1. 汽车蓄电池分析仪概述

汽车蓄电池分析仪又称汽车蓄电池检测仪或汽车蓄电池测试仪,是针对汽车蓄电池的工作能力和健康状况判断的专业分析检测设备。

汽车蓄电池对于汽车来说,尽管在成本上所占的比重不高,但对整部汽车却起着举足轻重的作用。

了解汽车蓄电池是否仍然良好,可以提前更换将要报废的汽车蓄电池,能有效提高企业的服务水平和用户满意度,为蓄电池生产企业和经销企业、汽车维修企业以及其他用户在汽车蓄电池的测试工作中带来了极大的便利。

2. VAT-580汽车蓄电池分析仪简介

VAT-580 汽车蓄电池分析仪是一款采用先进的电导测试技术的汽车蓄电池测试设备,带打印功能,分析能力强大,机身净重仅有 0.68 kg,如图 4-55 所示。

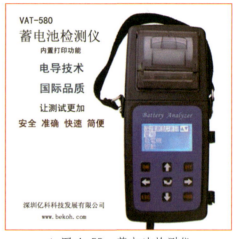

▲ 图 4-55 蓄电池检测仪

3. VAT-580产品特点

(1)测试准确、操作简单、显示直观、内置打印功能;

(2)适用于 CCA、DIN、IEC、EN、JIS 和未知规格汽车蓄电池测试;

(3)通过低频信号测试、不用外接大负载放电测试,不损伤汽车蓄电池;

(4)可以在车上测试汽车蓄电池以及测试已放电的汽车蓄电池;

(5)操作安全,不发热、不发烫,可连续多次地测试;

(6)测试速度快捷,5秒钟测试出汽车蓄电池的状态。

4. VAT-580产品用途

(1)作为蓄电池判断是否更换的工具;

(2)作为蓄电池收货时的验收的工具;

(3)作为蓄电池性能价值证明的工具;

(4)作为蓄电池发货之前检查的工具;

(5)作为蓄电池进行索赔鉴定的工具;

(6)作为蓄电池销售推广说明的工具。

5. VAT-580的工作原理

汽车蓄电池随着使用时间的增加,会逐渐老化,其老化的主要原因正是汽车蓄电池极板表面发生硫化、腐蚀,活性材料脱落,无法再进行有效的化学反应,这是绝大部分汽车蓄电池无法继续使用的主要原因。

电导仪的工作原理就是通过测量极板表面的情况,判定其化学反应能力,并通过极板的变化来推断汽车蓄电池容量的变化，从而判定汽车蓄电池的健康状况。电导仪所进行的测试工作就是以汽车蓄电池目前测得的实际电导值与汽车蓄电池完好时的标准电导值进行比较，如果差异大到一定程度，就可以判定该汽车蓄电池需要更换了。

实践证明，电导仪的测试结果与用 1/2 的 CCA 值放电的测试结果是吻合的，充分说明了亿科 VAT-580 蓄电池分析仪测试的科学性、准确性。

6. VAT-580的使用说明如图 4-56所示

ON　　－ 电源按键（开）
OFF　 － 电源按键（关）
ESC　 － 离开 / 退出
FEED － 打印机出纸（在接打印机时才有功能）
⏎　　 － ENTER（进入）/ 列印
➡　　 － 方向键 / 增加或减少

7. 蓄电池的测试说明

电瓶电压	12.46 V
充满电　100%	12.8 V
90%	12.6 V
75%	12.45 V
CCA 值	406CCA

为测试判定该电瓶的状态

内阻　　6.72 mΩ

一般在 2 ~ 15 mΩ 之间为正常，电瓶的 CCA 值越大内阻一般会越小。

内阻标准因各厂家所使用极板各有不同，因此没有一定标准，但同家厂商的某一型电瓶内阻不会差异太大。

寿命　　显示电瓶使用寿命状态，当电瓶寿命小于 45% 时建议更换。

▲ 图 4-56　电池分析仪按键面板

练习与检测

一、判断题

（1）车辆处于"工位七"位置时，举升机可不锁止。　　　　　　　　　　（　　）
（2）车辆处于"工位七"位置时，车辆与举升机、车轮与地面之间处于半联动
　　 状态。　　　　　　　　　　　　　　　　　　　　　　　　　　　 （　　）
（3）蓄电池液面过低时，可用蓄电池原液来调整液面高度。　　　　　　（　　）
（4）蓄电池电解液密度越低，说明蓄电池充电越足。　　　　　　　　　（　　）
（5）蓄电池充电场所必须保持良好的通风环境。　　　　　　　　　　　（　　）

二、选择题

（1）用玻璃管检查蓄电池电解液液面高度时，要求液面高出极板（　　）。
　A. 10~15 mm　　　　　　　　　B. 15~20 mm
　C. 20~25 mm　　　　　　　　　D. 30~35 mm

（2）蓄电池充电作业时，若采用常规充电，充电电流定为蓄电池容量的（　　　）。
　A. 1/4（A）　　　　　　　　　B. 1/5（A）
　C. 1/10（A）　　　　　　　　 D. 1/8（A）
（3）蓄电池充电过程中，若出现蓄电池电解液温度高于（　　）时，应暂时停止充电作业。
　A. 35℃　　　　　　　　　　　B. 45℃
　C. 55℃　　　　　　　　　　　D. 65℃
（4）蓄电池充电完成后，电解液密度为（　　　）g/cm³。
　A. 1.15~1.20　　　　　　　　 B. 1.20~1.25
　C. 1.25~1.28　　　　　　　　 D. 2.20~3.20
（5）蓄电池接近充足电量时，电解液内将释放大量气体，主要原因为（　　　）。
　A. 电解液内的水分蒸发所致　　　B. 电解液内的硫酸蒸发所致
　C. 水被电解产生了大量氢气和氧气　D. 电解液有毒气

模块二　汽车车身电器维护

学习目标

1. 知道车身内外灯光、用电设备作用、安装位置和功能。
2. 能进行车身内外灯光检查。
3. 能进行车身用电设备功能检查。
4. 知道雨刮片的作用和喷水孔的位置，雨刮片失效的特征和更换周期。
5. 能检查前、后雨刮片是否失效或老化并能更换。
6. 能检查和清理调整雨刮系统喷水孔。
7. 具有严谨的质量意识和安全意识。
8. 具有良好的技术交流、团队合作和环境保护意识。

学习导入

我们常说伸手不见五指，这说的就是夜黑，所以说在夜里行车，车灯就是我们唯一的依靠，有些车主平时就不注意车灯的检查保养，这个危害可是很严重的。在平时的生活中，要养成定期检查车灯的习惯。因为车灯不仅影响到行车的舒适性，还直接关系到行车的安全性。一般来说车灯的故障不仅限于灯泡烧坏、插座锈蚀或插头损坏这一类的小问题，往往需要采取专业的诊断技术来分析故障发生的根本原因。车灯的故障一般车主都很难知道，只有通过检查才能够发现，所以检查车灯极为重要。另外汽车雨刮和喷淋系统也对于安全行车很重要，直接影响到驾驶员的行车视线。

本模块通过参考汽车保养手册，使用专用工具和通用工具对汽车车灯等车身电器进行常规项目的检查，并对客户提出车辆使用注意事项和建议。如图 4-57 所示。

▲ 图 4-57　汽车灯光和雨刮系统

任务一　检查车内外灯光

任务描述

有一辆家用轿车轿车（发动机型号LDE），里程数有 20 000 km，据客户反映夜间开启前大灯，前方照射的不够清晰，请维修人员对汽车灯光等车内用电设备检查进行检查。如图 4-58 所示。

▲图 4-58　汽车灯光

任务准备

【知识准备】

汽车照明系统的分类

汽车照明按其用途可分为外部照明、内部照明两大类。

1. 外部照明，如图 4-59所示

外部照明又称为外照灯，主要有前照灯（大灯）、后照灯、前侧灯、雾灯、牌照灯、组合式前照灯、小灯等。

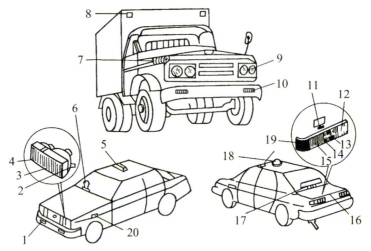

1—前转向灯；2—前示位灯；3—前照灯；4—前雾灯；5—出租车标志灯；6—出租车空车灯；7—转向示位组合灯；8—示廓灯；9—前照灯；10—前雾灯；11—行李厢灯；12—倒车灯；13—后雾灯；14—后示位灯；15—制动灯；16—牌照灯；17—高位制动灯；18—警示灯；19—后转向灯

▲图 4-59　汽车灯光名称

前照灯：俗称大灯，用于夜间或光线昏暗时照明道路。功率远光为 40～60 W、近光为 22～55 W，灯光为白色，有近光和远光之分。近光要将车前 30 m 内的路面均匀照亮；远光要将车前 100 m 内的路面均匀照亮。前照灯的光学系统包括反射镜、配光镜、灯泡三部分组成。

（1）半封闭式前照灯：如图 4-60 所示，配光镜靠卷曲反射镜边缘上的牙齿而紧固在反射镜上，两者之间垫有橡胶皮密封圈，灯泡从反射镜后端装入；当需要更换配光镜时，应撬开反射镜边缘上的牙齿，装上配光镜后，再将牙齿处复原。

（2）封闭式前照灯（又称真空灯）：如图 4-61 所示，反射镜和配光镜制成一体，形成一个灯泡，里面充满惰性气体，密封性好，照明效果好，使用寿命长，但灯丝

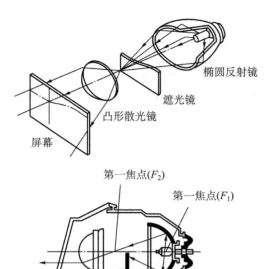

▲ 图 4-60 半封闭式前照灯

烧断后需更换整个总成，成本高。

（3）投射式前照灯：装无刻纹的配光镜，采用卤素灯泡，反射镜为椭圆，它有两个焦点，第一个焦点放置灯炮，第二个焦点在灯光中形成，在第二焦点附近设有遮光板，可遮挡向上的光线，形成明暗分明的配光。投射式前照灯可用光束较多，经济实用。

（4）高亮度弧光灯：灯泡无灯丝，内装两个电极，管内充有氙气及微量金属。弧光灯由弧光灯组件、电子控制器和升压器三部件组成。亮度是卤素灯泡的 2.5 倍，寿命是卤素灯泡的 5 倍。如图 4-62 所示。

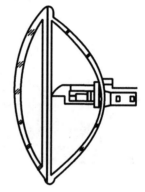

▲ 图 4-61 封闭式前照灯

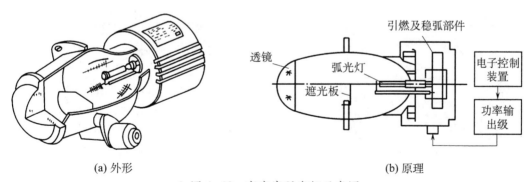

▲ 图 4-62 高亮度弧光灯示意图

2. 内部照明

内部照明装置包括顶灯、仪表灯、工作灯、指示灯、车厢灯、车门灯等。每一种灯根据车辆需要开启。如图 4-63 所示。

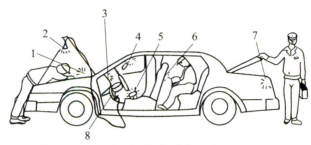

1—发动机罩下灯；2—工作灯；3—仪表照明灯报警指示糨；4—顶灯；5—门灯；6—阅读灯；7—行李厢灯；8—开关照明灯

▲ 图 4-63 内部照明灯

3. 信号系统灯

（1）前信号系统灯主要是包括前转向灯和变光的照明灯，包括车身侧面及车外后视镜上转向指示灯，如图 4-64 所示。

（2）后转向信号灯包括后转向灯、倒车灯、制动灯、后尾灯等。如图 4-65 所示。

▲ 图 4-64 前信号系统灯

▲ 图 4-65 后信号系统灯

【器材准备】

科鲁兹轿车和举升机

常用工具一套

场地准备

任务实施

说明：当使用万用表时注意测量的项目和量程的选择，以免损坏万用表。同时做好准备工作，安装车外三件套。

（1）车轮挡块安装，如图 4-66 所示。

（2）尾气排放装置安装，如图 4-67 所示。

▲图 4-66　安装车轮挡块

▲图 4-67　安装尾气排放栓

（3）车内防护三件套安装，如图 4-68 所示。

（4）车外防护三件套安装，如图 4-69 所示。

▲图 4-68　安装车内三件套

▲图 4-69　安装车外三件套

注意事项：

确保关闭所有的用电设备。

（5）车辆基本情况检查，包括检查油液和线束的连接情况，如图 4-70 所示。

（6）检查前示宽灯和仪表板灯

① 进入车内，起动发动机，并保持怠速运转。

▲图 4-70　检查车辆基本情况

② 将变光开关旋至1挡，检查仪表板灯亮起时，如图4-71所示。

③ 示宽灯安装是否牢固、灯罩是否有油污和破损，如图4-72所示。

▲图4-71 操作变光开关

▲图4-72 检查示宽灯

（7）检查前雾灯指示灯

① 保持变光开关在1挡位置，将变光开关内圈转动1挡，检查仪表板雾灯指示灯亮起，如图4-73所示。

② 检查雾灯安装是否牢固、灯罩是否有油污和破损，如图4-74所示。

▲图4-73 检查前雾灯指示灯

▲图4-74 检查前雾灯

（8）检查前照灯近光

将变光器开关旋至2挡，检查前照灯近光亮起时。安装是否牢固、灯罩是否有油污和破损。如图4-75所示。

▲图4-75 检查前照灯近光

▲图4-76 操作远光灯变光开关

（9）检查前照灯远光及其指示灯

① 变光开关保持2挡，将变光开关向前推。如图4-76所示。

项目四 汽车电气维护 161

▲ 图4-77 检查远光指示灯

▲ 图4-78 检查远光灯

② 检查仪表板前照灯远光灯亮起时指示灯是否损坏，如图4-77所示。
③ 检查前照灯安装是否牢固、灯罩是否有油污和破损，如图4-78所示。
（10）检查前部转向信号灯
① 检查左转向信号灯是否正常闪烁，及闪烁频率，正常闪烁频率为每秒1~2次。安装是否牢固、灯罩是否有油污和破损，如图4-79所示。
② 将变光开关回位，关闭左转向信号灯。用同样的方法检查右转向信号灯及其仪表板指示灯是否正常。

▲ 图4-79 检查前转向灯

▲ 图4-80 检查顶灯开关

（11）检查顶灯和门控灯与指示灯
① 将顶灯开关置于ON位置，检查顶灯开关是否能正常开启，有无卡滞，如图4-80所示。
② 将顶灯开关至DOOR位置，关闭点火开关到Lock位置，检查门控灯延时功能是否正常。安装是否牢固、灯罩是否有油污和破损，如图4-81所示。

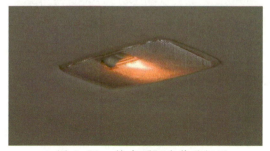
▲ 图4-81 检查顶灯安装及灯罩

▲ 图4-82 检查后示宽灯

注意事项：
在检查门控灯的指示灯时，要保持所有车门处于关闭状态。

（12）检查后示宽灯：将变光开关旋至 1 挡，检查后示宽灯是否正常亮起。安装是否牢固、灯罩是否有油污和破损，如图 4-82 所示。

（13）检查牌照灯：将变光开关旋至 1 挡，检查牌照灯是否正常亮起。安装是否牢固、灯罩是否有油污和破损，如图 4-83 所示。

（14）检查后雾灯：变光开关保持 1 挡，将变光开关内圈转动 2 挡，检查后雾灯是否正常亮起。安装是否牢固、灯罩是否有油污和破损。如图 4-84 所示。

▲ 图 4-83 检查牌照灯

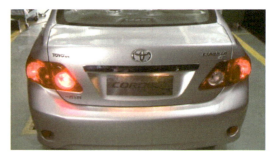
▲ 图 4-84 检查后雾灯

（15）检查制动灯：踩下制动踏板，检查制动灯，包括高位制动灯是否正常亮起，释放制动器踏板。检查制动灯包括高位制动灯是否熄灭。安装是否牢固、灯罩是否有油污和破损。如图 4-85 所示。

（16）检查倒车灯：打开点火开关，但不要起动发动机，踩下制动器踏板并保持，将换挡杆换到 R 倒挡位置。检查倒车灯是否正常亮起。对于手动变速器车辆需踩下离合器踏板。然后将换挡杆换入倒挡进行检查。检查倒车灯罩安装是否牢固、灯罩是否有油污和破损。如图 4-86 所示。

▲ 图 4-85 检查制动灯

▲ 图 4-86 检查倒车灯

注意事项：
对于手动变速器车辆，要先将挡位退回空挡，松开离合器踏板，再检查倒车灯是否熄灭。

拓展学习

一、随动转向大灯

随动转向大灯即自动转向大灯，也可以叫做自动头灯。随动转向大灯简称 AFS，全称为

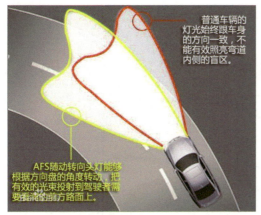

▲ 图4-87 随动转向大灯工作示意图

汽车自适应前大灯系统或者智能前照灯系统。自适应前大灯系统 AFS（Adaptive Front-Lighting System），能够根据汽车方向盘角度、车辆偏转率和行驶速度，不断对大灯进行动态调节，适应当前的转向角，保持灯光方向与汽车的当前行驶方向一致，以确保对前方道路提供最佳照明，并对驾驶员提供最佳可见度，从而显著增强了黑暗中驾驶的安全性。在路面照明差或多弯道的路况中，扩大驾驶员的视野，而且可提前提醒对方来车，如图4-87所示。

二、随动转向大灯系统的类型

随动转向大灯系统主要分为：静态系统和动态系统两种。

1. 静态系统

静态系统是指汽车运行在一个比较连贯且工况变化不大的工作模式。系统在工作开始时，接受来自悬挂装置的传感器信号以及 ABS 系统的车速信号，可以判断汽车是静止不动还是处于恒速状态，汽车一旦启动，系统就开始修正大灯的角度。

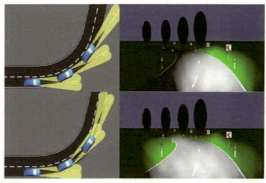

▲ 图4-88 动态随动转向大灯

2. 动态系统

动态系统是指能在汽车所有的行驶条件下，保证大灯有合理的转动方向。汽车在刚启动时，动态系统和前面的静态系统控制功能基本一致；但一旦汽车进入波动较大的工况时，自适应转向大灯系统的信号处理速度更快，几分之一秒就可以调整好灯光的角度，视野更为清晰，如图4-88所示。

任务二 检查雨刮系统

任务描述

有一辆科鲁兹1.6 L轿车（发动机型号 LDE），里程数有 20 000 km，据客户反映雨雾天开启雨刮，但视线不够清晰，请维修人员对汽车雨刮系统等用电设备进行检查，如图4-89所示。

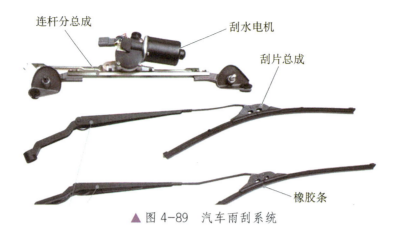

▲ 图 4-89　汽车雨刮系统

任务准备

【知识准备】

一、电动刮水器的主要组成部分

1. 刮水器电机

主要用来驱动雨刮器工作，并按不同工作要求输出不同转速。如图 4-90 所示。

▲ 图 4-90　刮水器电机

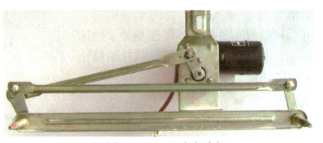

▲ 图 4-91　雨刮连动杆

2. 连动杆

连动杆把雨刮电机的转动转变为摆动，推动雨刷在玻璃上移动。如图 4-91 所示。

3. 雨刷

雨刷属于耗损件，其雨刮片属于橡胶材料，长时间工作后会老化变形，导致刮水效果不佳需调整和更换。如图 4-92 所示。

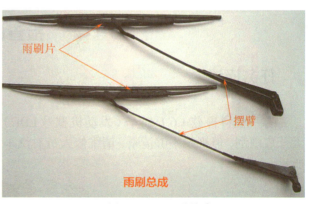

▲ 图 4-92　雨刷总成

【器材准备】

科鲁兹轿车和举升机

常用工具一套

场地准备

任务实施

说明:当使用万用表时注意测量的项目和量程的选择,以免损坏万用表。同时做好准备工作,安装车外三件套。

(1)车轮挡块安装,如图4-93所示。

(2)尾气排放装置安装,如图4-94所示。

▲ 图4-93 安装车轮挡块

▲ 图4-94 安装尾气排放栓

(3)车内防护三件套安装,如图4-95所示。

(4)车外防护三件套安装,如图4-96所示。

▲ 图 4-95　安装车内三件套

▲ 图 4-96　安装车外三件套

注意事项：
确保关闭所有的用电设备。

（5）车辆基本情况检查，包括检查油液和线束的连接情况，如图 4-97 所示。

（6）检查挡风玻璃喷洗器：

检查喷洗器开关。将喷洗器开关向内拨动，检查喷洗器开关是否灵活自如，喷洗器及刮水器间的联动是否正常，如图 4-98 所示。

（7）检查刮水器摆动

① 将雨刮器开关向下拨动到间歇位置，检查雨刮器的摆动情况，如图 4-99 所示。

▲ 图 4-97　检查车辆基本情况

▲ 图 4-98　检查喷洗器开关

▲ 图 4-99　检查刮水器摆动情况

② 将雨刮器开关向下拨动到 low（低速挡）位置，检查雨刮器的开关是否有卡滞或不能复位的情况。如图 4-100 所示。

③ 将雨刮器开关向下拨动到 high（高速挡）位置，检查雨刮器的开关是否有卡滞或不能复位的情况。

④ 将雨刮器开关向下拨动到 off（停止）位置，检查雨刮器的自动回位装置是否正常。检

▲ 图 4-100　喷洗器开关低速位置

查刮水器的开关是否有卡滞或不能复位的情况。

⑤ 将雨刮器开关向上拨动一次,检查前风窗玻璃雨刮器的刮拭状况。如果雨刮器在刮拭后出现条纹状痕迹,或刮拭不干净,则表明雨刮器刮拭效果不好。检查雨刮器的开关是否有卡滞或不能复位的情况。如图 4-101 所示。

(8) 关闭发动机机点火开关。

(9) 清洁场地,工具归位。

▲ 图 4-101　检查雨刮器复位

拓展学习

感应雨刷

感应雨刷能通过雨量传感器感应雨滴的大小,自动调节雨刷运行速度,为驾驶者提供良好的视野,从而大大提高雨天驾驶的方便性和安全性。

当传感器检测到有雨水落到了挡风玻璃上,就对雨刷发出指令使其开始工作,车的前挡风玻璃上的雨水即被清除了,保证了驾驶员视线的通畅。同时,还要发出使车辆的电动车窗和电动天窗自动关闭的指令,以避免车辆内部被雨水淋湿。如图 4-102 所示。

▲ 图 4-102　自动感应门雨刷

目前应用较广的两种主流传感器分别是光学式传感器和电容式传感器。光学式传感器是根据光的折射原理工作的。在光学式传感器中有一个发光二极管,它发出一束锥形光线,这束光穿过前挡风玻璃。当挡风玻璃上没有雨水、处于干燥状态的时候,几乎所有的光都会反射到一个光学传感器上,当下雨的时候,挡风玻璃上会存有雨水,一部分光线就会偏离,这就造成了传感器接收到光的总量的变化,从而检测到了雨水的存在。光学式传感器能够接收反射光的面积越大,得到的信息就越详尽。光学式传感器十分精确,甚至有可能准确地判断出落在被感应区域上的雨点数目。

另一种是电容式传感器,它主要是利用水和玻璃的介电常数的巨大差异设计的,其中水的介电常数为 80,玻璃的介电常数为 2。通常的做法是,把两条呈平行状态的指状金属极板放入挡风玻璃的内、外层之间,一组指状金属极板相交错,但是并不触及其他的指状金属极板。当挡风玻璃处于干燥状态的时候,挡风玻璃外表面和每组指状金属极板之间就形成了电介质。当挡风玻璃变湿的时候,根据与挡风玻璃接触的水量的不同,挡风玻璃的介电常数发生不同的变化。如果把传感器安装在挡风玻璃的表面上或者紧贴在挡风玻璃的下表面,这对传感器的工作是有利的,因为这样的安装能使传感器发挥其最佳灵敏度。不利的是,把电容式传感器安装在挡风玻璃的外表面上会产生与阻力传感器同样的问题,其金属镀层在雨刷的长期工作下会很快被从挡风玻璃上刮掉。

练习与检测

一、判断题

（1）检查车辆灯光需要两人配合，如果前部灯光正常，则无需检查后部灯光。（　　）
（2）检查雨刮器之前要先在前挡玻璃上喷洒清洗液。（　　）
（3）检查门控灯开关：当车门开时，车内顶灯关闭，当车门关时，车内顶灯亮。（　　）
（4）为检查灯的安装质量，用手晃灯，然后检查它们是否安装松动。（　　）
（5）夜间行车时无论有无会车情况，均可以不变换车辆的远近光。（　　）
（6）通过选拔高速低速挡，可以使电机的电流发生大小变化，从而控制电机转速，从而控制雨刮器的工作快慢。（　　）
（7）检查雨刮片时可直接将雨刮片抬起。（　　）
（8）检查雨刮器是否正常时应使喷嘴工作。（　　）
（9）调整喷嘴位置时应使用专用工具，以免损坏喷嘴。（　　）
（10）抬起雨刮时应注意轻拿轻放，以免刮伤漆面。（　　）
（11）喷嘴位置调整后，应重新检查喷射位置是否正确。（　　）

二、选择题

（1）根据灯光的情况自动打开或关闭近光灯（　　）。
　　A. 灯光操纵杆　　　　　　B. 光线传感器
　　C. 按钮　　　　　　　　　D. 驾驶员
（2）刮水器电动机大多利用永磁直流电动机，其磁极多采用（　　）材料，受冲击易损坏。
　　A. 陶瓷　　　　　　B. 钢铁　　　　　　C. 石墨
（3）清洗刮水器刮片时，可用蘸有（　　）的棉纱轩轻轻擦去刮片上的污物，刮水器刮片不可用汽油清洗和浸泡，否则刮片会变形而影响其工作。
　　A. 酒精　　　　　　B. 香蕉水　　　　　　C. 清洗剂
（4）顶灯除用作室内照明外，还可以兼起（　　）的作用。
　　A. 示位灯　　　　　　B. 监视车门是否可靠关闭　　　　C. 阅读灯
（5）仪表照明灯与示位灯、牌照灯（　　）。
　　A. 混联　　　　　　B. 串联　　　　　　C. 并联
（6）指示灯一般为（　　）或蓝色。
　　A. 绿色　　　　　　B. 红色　　　　　　C. 黄色

模块三 汽车空调系统维护

学习目标

（1）掌握汽车空调系统的作用。
（2）熟悉空调系统的结构和基本工作原理。
（3）能检查空调系统常规项目。
（4）能检查和更换空调滤芯。
（5）具有严谨的质量意识和安全意识。
（6）具有良好的技术交流、团队合作和环境保护意识。

学习导入

汽车空调的使用寿命，很大程度上取决于它能否得到正确的维护，通过日常维护可以发现故障隐患，及时作出处理以保证空调系统的正常运行。所谓汽车空调的维护，即是通过对汽车空调系统定期检查、清洁和调整，以维护其最佳工作状态。

通过参考科鲁兹1.6 L LDE保养手册，使用专用工具和通用工具对汽车空调进行常规项目的检查，包括制冷效果、空调出风模式以及风速等，同时应检查和更换空调滤清器滤芯，并对客户提出车辆使用注意事项和建议，如图4-103所示。

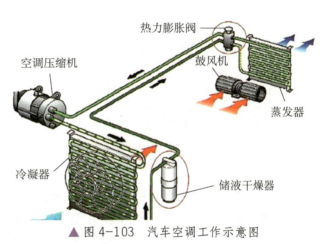

▲ 图4-103 汽车空调工作示意图

任务一 检查空调系统常规项目

任务描述

有一辆科鲁兹1.6 L 轿车（发动机型号LDE），里程数有20 000 km，据客户反映最近汽车空调的制冷效果不好，请维修人员对汽车空调系统进行检查。

任务准备

【知识准备】

一、汽车空调的功用

为了使乘客感到舒适，绝大多数汽车已安装空调装置，汽车空调已成为衡量汽车功能是否齐全的标志之一。现代汽车空调有四种功能，分别是：制冷、采暖、通风和净化汽车空调系统是实现对车厢内空气进行制冷、加热、换气和空气净化的装置。它可以为乘车人员提供舒适的乘车环境，降低驾驶员的疲劳强度，提高行车安全，如图4-104所示即为汽车空调系统出风示意图。

▲图4-104 汽车空调系统出风示意图

（1）制冷：对车内的空气进行冷却，使车内空气变得凉爽，如图4-105所示：

（2）采暖：对车内的空气加热，达到取暖的目的，如图4-106所示。

▲图4-105 空调制冷

▲图4-106 空调采暖

（3）通风：将车外的新鲜空气送入车内，同时将车内的污浊空气排到车外。通风系统还能够排出车内空气中的湿气，使干燥空气吸收人体汗液，营造更舒适的环境，如图4-107所示。

（4）净化：过滤花粉、灰尘等细微颗粒，吸附异味，使车内空气更清新，如图4-108所示。

▲图4-107 空调通风

▲图4-108 空调净化

二、空调系统的组成

空调系统主要由压缩机、冷凝器、风扇、储液干燥器、蒸发器、加热器、鼓风机、膨胀阀等组成。

了解了汽车空调系统的类型之后，我们再来了解汽车空调系统的组成。汽车空调系统是由压缩机、冷凝器、储液干燥剂、膨胀阀、蒸发器以及鼓风机和加热器芯组成的，如图4-109所示。

（1）鼓风机：鼓风机作用是将空气吹入蒸发器/加热器芯后送入车内。通过调节电动机的速度，可以调节向车厢内的送风量，如图4-110所示。

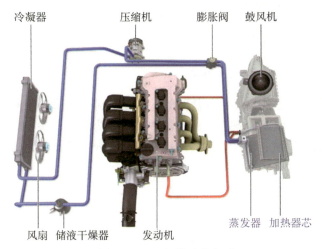

▲ 图4-109 空调系统组成

▲ 图4-110 空调鼓风机

（2）压缩机：压缩机的作用是将从蒸发器出来的低温、低压的气态制冷剂通过压缩转变为高温、高压的气态制冷剂，并将其送入冷凝器，如图4-111所示。

（3）冷凝器：冷凝器的作用是将压缩机送来的高温、高压的气态制冷剂转变为液态制冷剂，制冷剂在冷凝中散热而发生状态的改变，如图4-112所示。

▲ 图4-111 空调压缩机

▲ 图4-112 空调冷凝器

（4）储液干燥器：储液干燥器用于膨胀阀式的制冷循环，主要作用是对制冷剂加以干燥并过滤杂质，如图4-113所示。

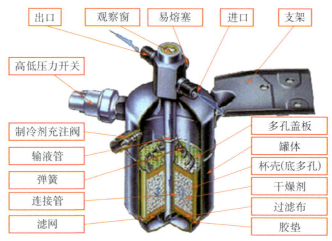

▲图 4-113　空调储液干燥器结构

（5）膨胀阀：膨胀阀的作用是将储液干燥剂出来的高温、高压的液态制冷剂从膨胀阀的小孔喷出，使其降压，体积膨胀，转化为雾状制冷剂，在蒸发器中吸热变为气态制冷剂，同时还可根据制冷负荷的大小调节制冷剂的流量，确保蒸发器出口处的制冷剂全部转化为气体，如图 4-114 所示。

▲图 4-114　空调膨胀阀

▲图 4-115　空调蒸发器

（6）蒸发器：蒸发器也是一个热交换器，膨胀阀喷出的雾状制冷剂在蒸发器中蒸发，吸收蒸发器的热量，使其降温，达到制冷的目的。蒸发器与驾驶室内空气进行热交换，达到制冷的目的，如图 4-115 所示。

三、汽车空调制冷系统的类型

按照控制方式的不同，汽车空调系统可以分为手动控制和自动控制。手动空调需要驾驶员通过旋钮或拨杆对控制对象进行调节，如改变温度等，如图 4-116 所示。

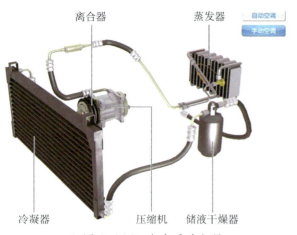

▲图 4-116　汽车手动空调

自动控制只需驾驶员输入目标温度，空调系统便可按照驾驶员的设定自动进行调节，如图 4-117 所示。

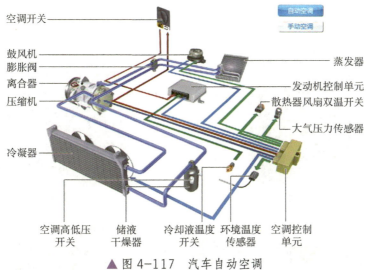

▲ 图 4-117 汽车自动空调

四、汽车空调制冷系统的工作原理

（1）压缩过程：将流经蒸发器的低温、低压的气态制冷剂压缩为高温、高压的气态制冷剂，输送到冷凝器。

（2）冷凝过程：将高温、高压的气态制冷剂冷却，使其变为中温、高压的液态制冷剂，送入储液干燥剂。

（3）干燥过程：将中温、高压的液态制冷剂过滤，除去制冷剂中的杂质和水分，送入节流阀，并存储小部分的制冷剂。

（4）膨胀过程：将过滤后的中温、高压液态制冷剂利用节流原理，使其转变为低压、雾状的液/气态混合物，送入蒸发器，如图 4-118 所示。

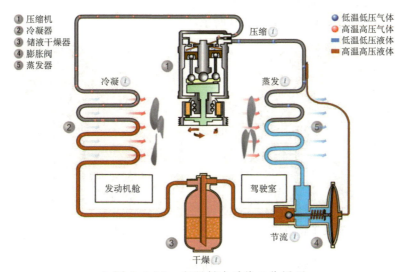

▲ 图 4-118 空调制冷系统工作原理

（5）蒸发过程：低压的制冷器在蒸发器内吸收环境热量不断蒸发温度逐渐升高，使环境温度降低达到制冷目的。

【器材准备】

科鲁兹轿车和举升机

常用工具一套

场地准备

任务实施

说明：当使用万用表时注意测量的项目和量程的选择，以免损坏万用表。同时做好准备工作，安装车外三件套。

（1）车轮挡块安装，如图 4-119 所示。

（2）尾气排放装置安装，如图 4-120 所示。

▲图 4-119　安装车轮挡块

▲图 4-120　安装尾气排放栓

（3）车内防护三件套安装，如图 4-121 所示。

▲ 图 4-121　安装车内三件套

▲ 图 4-122　安装车外三件套

（4）车外防护三件套安装，如图 4-122 所示。

注意事项：

确保关闭所有的用电设备。

（5）车辆基本情况检查，包括检查油液和线束的连接情况，如图 4-123 所示。

（6）汽车空调系统检查：

注意：启动发动机前一定要确认变速杆处于空挡（手动变速器）或 P 挡（自动变速器）。

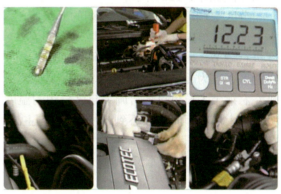

▲ 图 4-123　检查车辆基本情况

① 启动发动机。

② 操作空调控制面板，如图 4-124 所示。

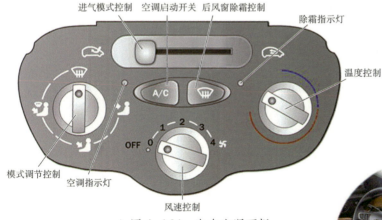

▲ 图 4-124　汽车空调面板

③ 检查空调各出风模式、鼓风机各挡位的出风量、内外循环模式以及制冷和采暖效果等，如图 4-125 所示。

▲ 图 4-125　检查汽车空调工作情况

拓展学习

汽车分区空调

随着人们对生活质量的要求越来越高，现如今空调已是汽车上不可缺少的一项配备，无论是车型价格高、低与否，我们都能找到空调的身影，若消费者愿意付出更多的钱，往往会在功能上得到更多的享受，比如车内温度分区控制、后排独立空调等，如图 4-126 所示。

分区空调可以说是自动空调的升级版本，是指在车内可以分不同区域对空调温度进行调节，最简单的分区空调也是分左右两区，较为复杂的则可分为四区，即后

▲ 图 4-126　空调分区操作面板

排左右乘坐人员也可各自调节自己身边的温度。自动空调以及自动分区空调最早都只是在高级轿车上应用，而现在不到 10 万元的自主品牌轿车就能拥有，当然都这都只是单区的自动空调。

任务二　检查与更换空调滤芯

任务描述

有一辆科鲁兹 1.6 L 轿车（发动机型号 LDE），里程数有 20 000 km，据客户反映最近汽车空调的出风口风量比以前小，请维修人员对汽车空调系统进行检查。

任务准备

【知识准备】

一、汽车空调的风道布置

汽车空调系统的进、排风装置是由进风筒、出风筒、出风口和控制风门组成，如图 4-128 所示。暖风机本体由直流电动机、鼓风机、本体进风口、机箱和本体出风口以及螺旋室等组成，如图 4-128 所示。

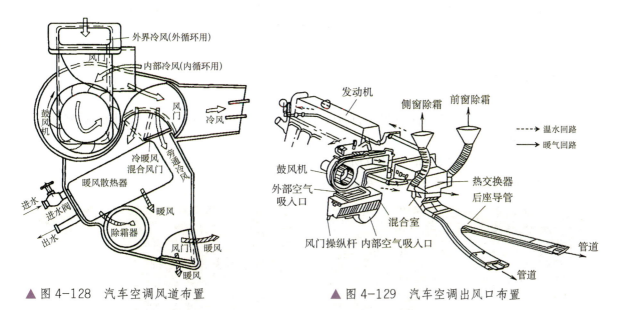

▲ 图 4-128　汽车空调风道布置　　　　　　▲ 图 4-129　汽车空调出风口布置

二、空调系统的出风口布置

根据汽车的类型和配置高低的不同，汽车空调系统各出风口的配置有差异，但大多数空调前排都配有前左右和中间出风口、脚部出风口以及除霜出风口等，有些车型在后排有脚部出风口以及后排的上出风口等，如图 4-129 所示。

【器材准备】

科鲁兹轿车和举升机

常用工具一套

场地准备

任务实施

说明:当使用万用表时注意测量的项目和量程的选择,以免损坏万用表。同时做好准备工作,安装车外三件套。

(1)车轮挡块安装,如图4-130所示。

(2)尾气排放装置安装,如图4-131所示。

▲图4-130 安装车轮挡块

▲图4-131 安装尾气排放栓

(3)车内防护三件套安装,如图4-132所示。

(4)车外防护三件套安装,如图4-133所示。

▲ 图 4-132 安装车内三件套

▲ 图 4-133 安装车外三件套

注意事项：

确保关闭所有的用电设备。

（5）车辆基本情况检查，包括检查油液和线束的连接情况，如图 4-134 所示。

（6）拿掉手套箱：科鲁兹的空调滤芯在手套箱的后面，换滤芯必须先把手套箱拿掉。

手套箱下面左右各有一个卡子。如图 4-135 所示。按图示方向分别向左右拔出。

（7）拆除手套箱卡子：打开手套箱，手套箱内还各有一个卡子，如图 4-136 所示。

▲ 图 4-134 检查车辆基本情况

▲ 图 4-135 拔出手套箱卡子

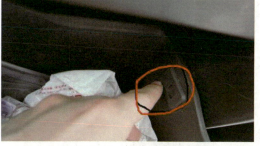

▲ 图 4-136 拆除手套箱卡子

（8）沿红色箭头方向从里面轻轻掀起，沿绿色箭头由外面向里按凸起。两侧都取出。注意手套箱可以略微向前推，方便取出卡扣，如图 4-137 所示。

（9）取出手套箱：把两手放在图中位置从两侧用力挤压手套箱，如图 4-138 所示。

▲ 图 4-137 取出卡扣

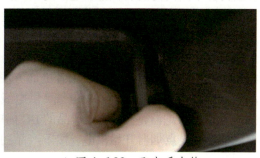

▲ 图 4-138 取出手套箱

（10）滤芯隐藏在手套箱后面。拆下滤芯盖子上面三个卡子，如图4-139所示。

（11）取出滤芯，对比新旧，可看出旧滤芯脏污，影响出风量，并且影响空调出风的质量，如图4-140所示。

（12）装上购买的新滤芯。

（13）按相反步骤安装上滤芯、滤芯盖子、手套箱，如图4-141所示。

▲ 图4-139 拆下滤芯卡子

▲ 图4-140 取出旧滤芯

▲ 图4-141 安装手套箱

拓展学习

汽车氧吧

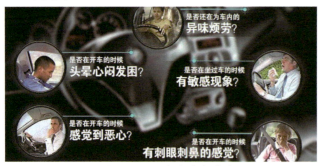

▲ 图4-142 汽车内部危害

随着人们对环保意识的不断加强，汽车车内空气污染越来越受到们的重视，有关专家认为，目前国内的汽车内饰普遍存在空气污染问题，只是程度不同而已。据悉，车内空气污染主要来源于座椅、棚顶所用的纺织品、塑料等配件。这些材料在加工过程中残留的添加剂会在新车的使用初期，缓慢地释放出来，从而对人体健康造成危害。另外，汽车空调散发出的各种异味，也是人体健康不可忽视的敌人。然而，现在全世界都在关注汽车内饰污染这一问题。社会在日新月异不断向前发展，越来越多的家庭开始使用汽车，更多的家庭在计划购买汽车，而健康是人类永恒的追求。如图4-142所示。

车载氧吧实际上是氧吧的一种，只不过是采用汽车点烟器DC12V供电，让使用者更加方便。产品一般配有一条汽车点烟器供电线，供电线一端插入汽车的点烟器，一端插入产品的DC插座，当汽车启动后，点烟器开始供电，按下产品的电

▲ 图4-143 车载氧吧

源按钮，产品就开始工作，释放负离子，达到氧吧的效果。接入方式如图 4-143 所示。市面上有单纯的氧吧（即只具备负离子功能的）和带过滤器和风机的氧吧，带过滤器的氧吧一般消烟效果比较好些，且能过滤大的尘埃粒子，空气净化效果显著。如图 4-143 所示。

练习与检测

一、判断题

（1）装有空调的汽车上，A/C 开启时，可以有效地防止前挡风玻璃上结雾。（   ）
（2）在汽车空调正常工作时，压缩机排出的 R134a 气体在压力不变的情况下，经冷凝器散热它就能变成液体。（   ）
（3）自动空调控制系统的控制面板上也设有 A/C 按键。（   ）
（4）非独立式汽车空调的采暖系统的热源来自于发动机的冷却水或排气。（   ）
（5）汽车空调制冷系统中干燥瓶和膨胀阀的作用是节流减压、过滤干燥。（   ）
（6）观察视液镜，如视液镜清晰，肯定系统内制冷剂不足或没有。（   ）

二、选择题

（1）汽车空调控制按键"AUTO"表示（   ）。
A. 自动控制　　　　　　　　B. 停止
C. 风速　　　　　　　　　　D. 温度控制

（2）一般汽车空调工作时，压缩机电磁离合器能按照车厢内温度的高低，自动分离和吸合，是受（   ）控制。
A. 低压保护开关　　　　　　B. 高压保护开关
C. A/C 开关　　　　　　　　D. 蒸发器温控开关

（3）引起制冷系统发生异响的原因主要发生在（   ）。
A. 压缩机　　　　　　　　　B. 冷凝器
C. 低压开关　　　　　　　　D. 蒸发器

（4）氟利昂制冷剂 R12 的危害是（   ）。
A. 有辐射　　　　　　　　　B. 有毒性
C. 破坏大气臭氧层　　　　　D. 破坏自然生态

（5）下列汽车空调部件中，不是热交换器的是（   ）。
A. 供暖水箱　　　　　　　　B. 冷凝器
C. 蒸发器　　　　　　　　　D. 鼓风机

（6）汽车空调制冷系统工作时，每一个制冷循环包括压缩、冷凝、膨胀、（   ）四个工作过程。
A. 蒸发　　　　　　　　　　B. 做功
C. 进气　　　　　　　　　　D. 排气